講談社文庫

四月七日の桜

戦艦「大和」と伊藤整一の最期

中田整一

講談社

四月七日の桜　戦艦「大和」と伊藤整一の最期◎目次

＊本文中に引用した文献・資料中、筆者註は、〔　〕で示した。
＊旧かなづかいの原文を、現代かなづかいに改めた部分がある。
＊手紙・葉書は、読みやすさを考慮し、句読点を補い、適宜改行した。
＊文中の敬称は略させていただきました。

四月七日の桜

戦艦「大和」と伊藤整一の最期

プロローグ

今、かりに「父子桜《おやこ》」あるいは「伊藤桜」とよんでおく二本の桜は、その日を忘れずに四月七日に満開となった。

淡紅の花びらのひとひらひとひらが、かつて九州南方の東シナ海に散った若者たちの命の転生のように美しく咲き誇る。

東京・杉並の大宮八幡宮の近く、人見街道に面して広い庭を持つ一軒の家がある。庭からは、二本のソメイヨシノが、通りに向かって枝を太く幾重にも伸ばしている。

戦時中、杉並の大空襲にも焼け残った樹齢八十年を超える幹回り三メートルの親桜。そしてもう一本は、戦後にその根っこから芽が生えた蘖《ひこばえ》の子桜だ。

四月七日——、毎年この日になると決まったように、爛漫《らんまん》と花をひらく。ともに大地にどっしりと根を下ろして、この家の二階の屋根を超えるほどの桜の巨木となっている。これまでずっと「昭和」の歴史を見つめてきた。

東京管区気象台は、前年の東日本大震災の福島第一原発事故や東京スカイツリー開業のニュースの陰で控えめではあったが、平成二十四年（二〇一二年）三月三十一日に東京の桜の開花を発表した。

そして四月七日は、親桜を手植えて逝ったこの家の主《あるじ》の祥月命日でもある。かれはこの桜をこよなく愛でていた。散りぎわのもののあわれを解していた。

三千名余の部下とともに昭和二十年（一九四五年）に戦艦「大和」と運命をともにした桜の主とその息子の戦争にまつわる悲しい物語は、今、「父子桜」の下を通り過ぎるひとは誰も知らない。この道は、近くにある大学への、私鉄駅からの賑やかな通学路にもなっている。スマートフォンを片手に笑顔で往きかう若者たちは、もはや七十年ほど前に同じ世代がたどった過酷な運命など知る由もないだろう。

＊

終戦を迎えたあくる年、昭和二十一年に書かれた一枚の色あせたハガキが残っている。

ここには、あの「父子桜」の家の住人であったひとりの母の、わが子を想う切ない思いが込められていた。

ハガキは米軍占領下の沖縄にあてたものだった。九月十八日の日付が記されてい

る。

すでに茶色に変色してしまっているが、ブルーのインクの文字は今でも鮮やかだ。菊の紋章がほどこされた楠公（楠木正成）図案の大日本帝国郵便、三銭の官製ハガキ。三銭と印刷された図案の下には、軍国日本を象徴する、戦前に長距離飛行で名をはせた「航研機」を描いた十二銭切手が一枚貼りたされている。

郵便ハガキは、この年の七月二十五日から十五銭に値上がりしていた。当時は膨大な戦時国債の発行のつけなど、戦争経済の破綻《はたん》からきた激しいインフレがつづく混沌の時代だった。

そしてこの一枚のハガキは、とうとう投函されることはなく母親の手元に残されていたのである。

その宛名は、こう記されている。

沖縄日本人抑留者収容所
沖縄第一キャンプ内　元海軍中尉伊藤叡《アキラ》様

むずかしい読みの漢字の一文字には「アキラ」とルビをふる念の入れようだ。無事、本人に届くようにと藁《わら》にもすがる切実な思いが伝わってくる。ローマ字での宛先も書きそえてある。すでに沖縄は日本の領土ではなくなっていたのだ。

OKINAWA NIHONJIN YOKURYUSHA SHUYOJO
DAIICHI CAMP NAI MOTO KAIGUN CHUI AKIRA ITO

差出人の名は、

福岡県三潴郡青木村江島　森方
伊藤ちとせ

ハガキはその一年五ヵ月ほど前、昭和二十年四月七日——沖縄への海上特攻の途上で米軍機の攻撃をうけて戦艦「大和」とともに沈んだ日本海軍の前軍令部次長、このとき第二艦隊司令長官であった伊藤整一中将（戦死後の昭和二十年四月、大将に進級）の夫人、ちとせからのものだった。

宛名の元海軍中尉伊藤叡とは、彼女の一人息子であった。

海軍兵学校七十二期で零戦の搭乗員だったかれもまた昭和二十年四月二十八日、神《しん》風《ぷう》特別攻撃機を掩護《えんご》する直掩《ちょくえん》隊にみずから志願して、鹿児島県出水《いずみ》の特攻基地・海軍航空隊出水基地から出撃した。父親の後を追っていたのである。そして沖縄の伊江島付近で戦死していた。

二十一歳の若さだった。

叡の戦死の悲報は、その年の夏頃に人づてに伝わってきた。

最愛の息子の戦死に、ちとせが奈落の底に突き落とされて悲嘆に暮れたのは言うまでもなかった。悵然《ちょうぜん》として言葉もなかった。残された娘たちによれば狂わんばかりの嘆きぶりだったという。

それからおよそ十ヵ月後の昭和二十一年三月四日、旧海軍の復員業務をあつかう第二復員局から正式に戦死公報が遺族に伝えられた。そこには、

昭和二十年四月二十八日　時刻不詳　南西諸島方面にて戦死

と記されていた。この日決行された「菊水四号作戦」による特別攻撃隊に加わっていたのである。

伊藤中尉が沖縄方面ですでに戦死していたのは確かだったのだ。それがなぜ、戦死公報が届いて半年も経ってから、母親のちとせは届くはずもない便りを、沖縄の「叡」にあてて出していたのか。沖縄の日本人収容所で米軍の捕虜となって生きてい

るという情報がちとせにもたらされ、それに望みをつないだ母から息子に送られるはずのものだった。それが奇跡的にちとせの手元に留まっていたのである。以下の文面からは、息子の生存を信じきって健康を気づかう母親の祈るような心情があふれんばかりに伝わってくる。

第七信　すっかり秋の気候となりました。朝夕は冷え〳〵しますが御地はまだ〳〵あつい事と思ひますが変りなく元気でおりますか。案じて居ります。昨夜等は夜通しに其許様の夢ばかり見ましてね。早く〳〵元気な様が見たいものと念願して居りますよ。こちら一同元気です。淑子も貞子もお別れ後一ケ年半ですものとても成人しましたよ。びつくりする事でせうよ。早くお兄様に会いたい〳〵で暮して居ります。
純子たちも一同元気で居ります。赤ちやんとても発育がよくもうはひ〳〵をしておりますとか。十一月頃には西下してきます由、楽しみにまつて居ります。その頃までには其許様のお帰宅もあればと神仏に毎日〳〵祈つて居ります。ではくれ〳〵もお体を大切にして帰宅を楽しみに暮して下さいよ。何も案ずる事はいりませんよ。では又かきます。　　かしこちとせは、第七信を書いた後、その四日後の九月二十二日にも第八信と記したハガキをもう一枚残している。

矢継ぎ早の音信のいずれからも、呼べども応えぬわが子との再会を信じきった、喜びに浮き立つ心が伝わってくる。そこには深い母の愛があった。

第七信にある〈昨夜等は夜通しに其許様の夢ばかり見ましてね〉と、文面から推察できるのは、戦死した「叡」が、夜毎にちとせの夢枕に立っていたということだ。

伊藤家には一家の主の戦死後も、さらに大きな悲劇が立てつづけに起きていた。四月二十八日に一人息子叡の戦死。五月二十五日の東京の大空襲で杉並の自宅も全焼した。

失意のちとせは、二女淑子《ひでこ》と三女貞子《さだこ》の女学生の娘たちを連れて、東京から自分の実家を頼って福岡県三潴郡《みずまぐん》青木村江島（現・久留米市城島町江島）に移り住んだ。三人の娘のうち長女の純子《すみこ》はすでに嫁いでいた。

＊

「私たちが今日まで生きておられたのも伊藤長官のお蔭です」

阿部一孝（横浜市・元「大和」乗組員・八十六歳）は、あらかじめ指定されていた席につくと開口一番、伊藤整一の遺族に向かって深々と一礼した。

平成二十四年四月十五日。

この日は日曜日とあって春の日差しのこぼれる靖国神社は、戦没者慰霊の参拝者で賑わっていた。境内の桜はほぼ終わり、無数の花びらが吹きだまりに舞っていた。

阿部の律儀な振る舞いがみられたのは、みなが慰霊祭での昇殿参拝を終えて、近くのホテルの宴会場で開かれた懇親会の席上でのことだった。

海軍兵学校の昭和二十年三月の卒業生徒（七十四期）である阿部は、まもなく米寿を迎える。しかし、明瞭な張りのある口調とにこやかな風貌には年齢を感じさせない若々しさがあった。

阿部は、毎年、靖国神社でつづけられている戦艦「大和」を中心とする「第二艦隊戦没者慰霊の会」にはできる限り参拝するようにしている。

終戦直後、海軍少尉の阿部は、マッカーサー連合国最高司令官の厚木進駐の警備に動員された。シェード・グラスをかけてコーンパイプを右手にくゆらせながら愛機バターン号を降り立つその姿を目の当たりにした。悔しい思いに駆られたという。

その後、旧海軍の海防艦に乗務して南方からの陸軍兵士たちの復員業務にも携わっていた。やがて除隊後は、再起をはたすために東京工業大学へ進学した。そして大手鉄鋼会社の日本鋼管（現・ＪＦＥスチール）で設備設計の技術者として活躍し、無事定年を迎えた。

この日は、昭和二十年四月、第二艦隊の旗艦「大和」に率いられて沖縄へ出撃した第二水雷戦隊の軽巡洋艦「矢矧《やはぎ》」、駆逐艦「朝霜」「雪風」「冬月」など全十隻の元乗組員とその戦没者の遺族、五十名ほどが参集した。

「大和」の元乗組員だった阿部は、永年、この会の幹事をつとめている都竹《つづく》卓郎(元日本大学教授・八十八歳)の計らいで、伊藤整一の二女の河野《こうの》淑子(大阪府・八十二歳)や三女の須原貞子(札幌市・八十歳)とその家族が座るテーブルについた。淑子たちは、これまで若い頃からこの慰霊祭にはしばしば出席してきた。そして席上で、生き残った元乗組員たちから父・整一への感謝の言葉を伝えられるのはよくあることだった。

懇親会の司会にたった都竹は、伊藤整一の戦死した長男叡とは海軍兵学校の同期である。昭和十八年卒業の海兵七十二期だった。

都竹は卒業のあくる年の十月、フィリピンの攻防をめぐるレイテ沖海戦に海軍中尉の通信士として参加した。二十三日から二十六日までの四日間、旗艦「大和」の艦橋にあって、栗田健男《たけお》司令長官のすぐ後ろから終始、その激闘を見つめてきた。

かれは戦後、物理学者となった。そして「大和」がレイテ沖でとった謎の反転行動、いわゆるマッカーサー元帥麾下《きか》の米軍輸送船団を目前にしたUターンについて、その真実を語ってきた。数多ある栗田に対する中傷に科学者の目から冷静に戦局を分析して反論したのである。

都竹は、昭和二十年三月に異動を命じられていたので、「大和」の沖縄出撃には加わっていない。

この日、阿部一孝が伊藤整一の遺族に頭を下げたのには深い理由があった。

阿部は、終戦の年の三月三十日に江田島（広島県）の海軍兵学校を卒業した。そして四月三日に、戦艦「大和」へ配属を命じられた見習いの少尉候補生だった。実習を終えて一年後に少尉に任官するのである。

「大和」は、山口県の瀬戸内海の西部、三田尻沖《みたじり》（現・山口県防府市）に仮泊していた。極秘裏の行動だったが、上空にはB29が一日に四、五回も偵察に来ていた。すでにその数日前、呉港沖に停泊していた「大和」を米軍ミッチャー中将率いる第五十八機動部隊の航空機が発見、追跡していたのである。

三田尻沖では、海軍兵学校、海軍経理学校を卒業したばかりの二十歳前後の少尉候補生たちが、「大和」へ四十六名、「矢矧」へ二十七名、合計七十三名が乗艦した。ところが、「大和」が出撃する前日、四月五日の午後五時三十分、突然に「候補生退艦用意」が下令されたのである。

第二艦隊司令長官・伊藤整一中将の決裁による命令であった。

この突然の命令に驚いたのは候補生たちである。その直前に発令された沖縄へ向けた海上特攻に参加できる。これ以上ない初陣と張りきっていた矢先のことだった。

間もなく「大和」から「矢矧」への発光信号がはじまった。

発第二艦隊司令長官、宛大和艦長矢矧艦長、本文『大和の候補生は一時葛城に、矢矧の候補生は一時龍鳳に移乗せしむ』終り〈原文カタカナ〉

「大和」「矢矧」の候補生たちは騒然となった。

わずか三日間の乗艦、しかも憧れの戦艦「大和」や「矢矧」からの退艦命令に、沖縄出撃にはやりたっていたかれらは承服しなかった。

直ちに代表がそれぞれの艦長に懇願した。

「せっかく大和に乗せてもらったのに、ここで降ろされるなんて心底悔しいと思いました。使命感とか立派なものじゃなくて、なにせ十九歳ですからねぇ。ここで降りたらクラスメートに恰好悪いというか、引け目というか……」

阿部は、当時をふりかえって若者の心境の一端を率直にこう語る。

このとき「大和」で、候補生四十六名を代表して高さ四十メートルの艦橋にラッタル（階段）を駆け上ったのが、クラスヘッドの阿部一孝だった。

「大和」艦長の有賀《あるが》幸作《こうさく》大佐（戦死後、中将）に命令の撤回を懇願した。一度は却下されたが、同期のみなに尻を叩かれて二度掛け合った。

阿部は是非とも沖縄へ同行を、と訴えた。だが阿部の申し出に対して艦長の有賀は、諭《さと》した。

「このいくさはまだまだ先が長いぞ。お前たち候補生にはもっと働き甲斐のある戦闘が待ち構えておる、自重せよ」

訴えは退けられたのである。かれらは三日間だけの「大和」の乗組員となった。

結果として前途有為な若者の七十三名の全員が戦後に生き残ることができたのである。そしてその多くが日本の復興と経済発展の中核あるいは牽引力となって活躍したのは事実である。

第一章
若い命を救った長官の決断

兵学校生徒の艦上での戦闘教練（写真集『あゝ江田島 海軍兵学校』眞継不二夫より）

一　候補生と戦艦「大和」

話を候補生の退艦一週間ほど前に戻したい。

昭和二十年三月三十日、海軍兵学校七十四期生千二十四名は、大講堂で晴れの卒業式を終えた後、教官たちとの別れの祝宴をすませた。いよいよ海や空の実戦部隊へ配置され実地訓練を受けるのである。みな一様に緊張感が漲《みなぎ》った。

正午過ぎ、海軍少尉候補生の軍装に身を固めた「大和」「矢矧」に配属予定の六十六名は、教えを受けた教官や在校生らが見送る中を兵学校正門の表桟橋に向かった。表桟橋では恒例の「帽振れ」の別れの儀式が待っていた。軍艦マーチが華々しく奏でられる中を、盛大な見送りをうけて江田島の内海、江田内《えだうち》から千切れんばかりに帽子を振りながら船出していった。かれらは戦時下で修業年限も短縮された速成の少尉候補生だった。

六十六名は、それぞれに感慨も一入《ひとしお》で心の中で二年四ヵ月の江田島生活に永遠の別れを告げたのである。

瀬戸内の春はのどかである。

小波《こなみ》ひとつ立たない穏やかな水面は、戦争気分を一瞬忘れさせそうになった。泡立つ白い航跡が太く長く尾を引いた。右舷の正面にはかれらの鍛錬の場となってきた古《ふる》鷹山《たかやま》の山麓に桜の蕾《つぼみ》がほころびはじめていた。

〈これが桜の見納めになるかもしれない〉

候補生たちの誰もがそう思った。

やがて候補生を乗せた内火艇は速力を増していく。頬をたたく潮風が、かれらの気分を引き締めるのにさほど時間はかからなかった。

江田内を出ると艇は大きく面舵《おもかじ》に転舵して風に立った。前方は日本海軍が鎮守府をおく呉軍港である。遠くに呉の街を見下ろす灰《はい》ケ峰《がみね》が春霞に霞んでいた。港外には、候補生たちが乗艦を命じられた「大和」が停泊しているはずであった。かれらは勇躍、胸おどらせて「大和」をめざした。

ところが、である。そこに当然停泊しているはずの「大和」の艦影はなかった。

かれらに付き添ってきた兵学校の指導教官の高沢大尉が、一瞬、怪訝《けげん》な顔をした。

「やっぱり大和はおらんなぁ」

内火艇は、港外を一周すると反転、こんどは江田島の入口、小用《こよう》港に向けてふたたび波を蹴った。それはなぜなのか、候補生の誰にも理解できなかった。

かれらは小用から切り通しの山道を越えて、肩身の狭い思いをしながらふたたび兵学校の裏門をくぐった。

門柱には日本海軍の先覚者、勝海舟の筆になる「海軍兵学校」の名が刻まれた銅の表札がはめ込まれていた。つい先刻、大勢の後輩たちに盛大な見送りをうけて出発した手前、なんともばつが悪いことだった。

うしろめたさを感じつつ兵学校内の宿泊施設、養浩館に待機を命じられた。

時刻は午後二時を過ぎていた。

「おそらく教官は、大和がいないという情報はもっていたと思うんです。しかし、明日をも知れぬ命の若者たちにせめて桟橋での帽振れの儀式だけは慣例どおりにさせてやりたいとする学校側の配慮があったのではないでしょうか」

呉軍港までの何とも不可解な自分たちの行動を、候補生の阿部一孝はこう推察する。養浩館の二階大広間には、すでにかれらの人数分の寝具が用意してあったからである。

「とにかく大和の居所をすぐ探して連絡するから、それまでここで待機するように」

指導教官の高沢は、言った。

いったい「大和」は何処にいてこれから自分たちは何をすればよいのか、みな一様に疑心暗鬼にとらわれた。この日から在校生徒と顔を合わせるのも止められた。禁足を命じられて軟禁同様の状態におかれたのである。

実は、その頃、遥か東シナ海を隔てた沖縄で、日本にとっての戦局が、重大な局面を迎えていた。

二　沖縄に迫る連合軍

アメリカ第五艦隊司令長官レイモンド・スプルーアンス大将を総指揮官とする史上最大の米機動部隊が、沖縄本島の南東海上に巨大な戦艦・空母群の姿をあらわした。昭和二十年三月二十三日のことである。

この作戦にはH・ローリングス中将の率いる英国太平洋艦隊の空母部隊も加わっていた。

沖縄は日本本土攻略の前哨戦として、日・米英両軍が激突する国内最大の戦場となったのである。その規模においてノルマンディー上陸作戦に匹敵するものであった。

米軍上陸作戦部隊の人数、十八万二千名余。

陣容は、J・ホッジ少将率いる四個師団を有する第二十四軍団。R・ギーガー少将の第三水陸両用軍団。海上にはその支援部隊として、M・デイヨ少将率いる第五十四砲撃支援部隊の戦艦十隻、重巡洋艦九、軽巡洋艦四。そして、M・ミッチャー中将の第五十八機動部隊の空母十八隻、戦艦八、重巡四、軽巡十一、駆逐艦四十八、艦載機九百機。

このミッチャー中将の高速空母部隊が後日、戦艦「大和」を撃沈する攻撃部隊となる。

沖縄戦に投入された連合軍側の艦船の総数は千三百十七隻、艦載機千七百二十七機。投入された将兵の総員、四十五万名余という大部隊となった。まさに沖縄には海上を埋め尽くすほどの艦船が出現した。コバルトブルーの海を灰一色の鉄塊で覆ったような異様さだった。

間もなく鉄の暴風と形容されるほどの熾烈な艦砲射撃と空爆が開始された。

一方、沖縄に配置された日本陸軍の部隊は、牛島満中将の第三十二軍の第二十四師団、第六十二師団など総勢、六万九千名余。それまで配置されていた第九師団は、一月に台湾に転用されてしまった。だが海上輸送の危険が迫りとうとう大本営からの補充の約束は果たされなかった。

海軍は、大田實《みのる》少将の沖縄方面根拠地隊と南西諸島海軍航空隊など八千名余。海軍の所有する艦船は、魚雷艇十五隻、甲標的艦（特殊潜航艇）七隻、震洋隊二隊（ベニヤ板製の一人乗り爆装モーターボート）六十二隻というお寒いものだった（『戦史叢書93』）。

陸、海軍の総数は七万七千名余。想像を絶するほどの米英海軍力を前にして、沖縄の日本海軍は極めて卑小な戦力で戦わざるをえなかった。

この圧倒的な兵力不足は、鉄血勤皇隊やひめゆり部隊などの徴兵年齢にも満たない若い学徒や県民十五万名余の犠牲を生んで、歴史に悲惨な汚点を残すことになる。沖縄への海上特攻を命じられる「大和」にとっては、もちろんこのときの連合軍の確かな戦力などは知る由もなかっただろう。

米・英連合軍の総力を挙げた沖縄攻略作戦に対して三月二十六日、連合艦隊司令長官豊田副武《そえむ》は「天一号作戦」（南西諸島方面における航空作戦）を唐突に発令した。

これによって三月二十八日、「大和」を中心とする第一遊撃部隊（第二艦隊「大和」を旗艦とする沖縄特攻部隊の正式呼称。所属部隊は「大和」、第二水雷戦隊、第十一水雷戦隊及び第三十一戦隊で編制）に、佐世保回航の命令が下されたのである。当時の連合艦隊の動員可能な艦船のほぼ全てだった。

ちなみに司令長官伊藤整一中将が直卒する第一遊撃部隊の第二艦隊には、第一航空戦隊の空母「天城」「葛城」「隼鷹《じゅんよう》」「龍鳳《りゅうほう》」などの空母部隊も従えていた。だが、その頃、空母艦隊にはそれを動かす油も飛行機も搭乗員も払底していた。三月十九日の米軍艦載機約三百機による呉軍港空襲で「天城」「龍鳳」の二隻は大破炎上、あるいは小破していた。

このとき「大和」は、山口県の柱島《はしらじま》泊地に在泊していた。空母「ホーネット」の艦載機が「大和」に急降下爆撃を試みたが、巧みな回避転舵で被害はなかった。左右に落下した爆弾の水柱が鎮まると、海上に忽然とあらわれる「大和」の姿は実に頼もしく感じられた。水柱があがる中の「大和」の艦影は、すでに米軍偵察機のカメラに狙われて今日に残っている。

第一遊撃部隊に出撃を命じる連合艦隊の目的は、「大和」が率いる艦船を、佐世保に向けて豊後水道から九州東岸を南下させることによって米機動部隊をおびき寄せること、また一部は関門海峡から対空防備が厳重な佐世保に直行させ、好機に出撃できるように艦隊の待機位置をより沖縄に近づけることであった。

米軍がおとり作戦に乗れば、第五航空艦隊などの基地航空部隊によって敵を漸減させる。それにより米軍と戦う沖縄の日本軍を支援しようというものだった。

だが、沖縄での日米両軍の戦力差を見ればまさに焼け石に水の作戦だった。

第五航空艦隊とは、海軍航空隊鹿屋基地に司令部をおき、沖縄や九州での航空決戦のために海軍の残存航空兵力を結集して新しく二月に創設されたばかりの特攻航空隊である。この部隊からは「菊水作戦」と称して連日、鹿屋基地などから多くの特別攻撃隊が沖縄へ出撃していった。

終戦の日の八月十五日、第五航空艦隊司令長官の宇垣纏《まとめ》中将自身が、敗戦の責任をとって十一機の特攻隊員二十二名とともに大分海軍航空基地から、沖縄へ最後の特攻攻撃に向かったことはよく知られている。

その宇垣長官は、三月二十七日、かれの陣中日誌の『戦藻録』で第一遊撃部隊によるおとり作戦をこう批判している。

GF（連合艦隊）命令に基き1YB（第一遊撃部隊）は明日正午内海を出て佐世保に回航せんとす。其の目的残敵掃蕩に使する点は若干許容すべきも、九州東岸南下により敵機動部隊を誘出し当隊をして攻撃せしめんとする常套の小細工に至りては笑止千万なり。

敵は牽制誘導という小細工を弄した作戦にはたして乗ってくるものか、燃料の少ない現状では第一遊撃部隊は、瀬戸内海に待機するのが適当だとして、連合艦隊司令部の作戦に痛烈である。

しかし、沖縄の切迫した戦況を受けて「大和」を旗艦とする第一遊撃部隊は、命令通りに三月二十八日午後五時半、佐世保に向けて呉港外から出撃した。

燃料は、「北号作戦」により二月二十日にシンガポールから奇跡的に最後の油輸送に成功した第四航空戦隊の戦艦「伊勢」と「日向」から移載したものだった。これは伊藤司令長官が、直々に司令官の松田千秋少将に頼んで得たものであった（『歴史と人物』昭和五十六年五月号）。

ところがこの日、早くも米機動部隊五百機が南九州に来襲してきたのである。

グラマン戦闘機が天草方面と鹿屋基地を襲撃して基地の兵舎を銃撃していった。敵に機先を制されて第一遊撃部隊によるおとり作戦も意味をなさなくなった。

そこで豊田長官は、急遽、その日の午後七時三十五分、第一遊撃部隊の佐世保回航の延期を発令した。呉出港から二時間余、出撃途中の第一遊撃部隊は同夜、広島湾兜島沖に移動して翌朝瀬戸内海の西部、三田尻沖に投錨し待機することになったのである。

これが、候補生たちが呉港外の「大和」に向かったとき、すでにその艦影が見えなくなっていた背景にあった事情である。

この間、米軍は三月二十六日に慶良間《けらま》諸島へ上陸。つづいて四月一日、沖縄本島の嘉手納《かでな》海岸に大々的な上陸作戦を開始し、北および中飛行場を占領した。当時の推定人口三十二万名余の県民を巻き込んで、六月二十三日までつづく沖縄の熾烈な地上戦がはじまった。

一方、江田島に待機していた「大和」「矢矧」に配置予定の候補生六十六名には四月二日の夕刻、指導教官から「大和」の新しい情報が伝えられた。

「大和は、三田尻沖に投錨中であり、三日午後に乗艦が可能である」

四月三日はちょうど神武天皇祭、桜の季節の国民こぞっての春祭りだった。

候補生たちは遥拝式に臨んだ後、ふたたび表桟橋から内火艇に乗って、こんどは山陽本線の宮島口に向かった。

遠景に宮島の厳島神社の赤い大鳥居が小さく浮かんで見えた。

広島湾には、すでに米軍が投下した機雷が浮遊していて一瞬の油断もならなかった。宮島口からは列車で三田尻へ、そして三田尻駅（現・防府駅）からは港まで歩いていった。

第一遊撃部隊の艦船は、三田尻港の突端、防府市牟礼《むれ》の江泊山《えどまりやま》の沖合に警戒停泊していた。「大和」「矢矧」を中心に輪形陣で周りを駆逐艦が囲んでいた。

時折、敵のB29が「大和」の偵察のために高高度で飛来し、緊張を高めていた。

候補生たちは、港から迎えの大発（大発動機艇）で沖に向かった。

この日は同じく、呉で待機していた海軍経理学校の候補生七名も相前後して合流した。「大和」「矢矧」へ配置される候補生七十三名の全員がそろったのである。すでにあたりに夕闇がせまりつつあった。九州の山並みが海に落ちる関門海峡の方角では、西の空が茜色《あかねいろ》に染まっていた。

防府市の富海《とのみ》の海岸を走る山陽本線の列車からは、沖合に浮かぶ戦艦群が、まるで背びれの生えた恐竜の群れのように、異様なシルエットを描いているのが見えていた。

「駆逐艦のあいだをぬって大和に向かうと手旗信号で『候補生か』と訊ねてきました。夕暮れですからやっと見えるくらいです。そして大和の舷側の短艇収容口に大発が到着すると、『候補生は網で上がれっ！』と怒鳴り声がして網を伝って登っていくんです。初めて見る大和はまるで巨大な盥《たらい》という感じでした」

阿部候補生が初めて目の当たりにした戦艦「大和」の第一印象である。

「大和」は対空警戒待機の態勢に入っていた。緊急発進ができるように舷門の梯子は外されていた。

候補生たちはようやく「大和」の後部の短艇収容口から三十センチ幅の網梯子を伝って乗艦した。すると、舷門の黒板に「天一号作戦発動」と書かれた大きな文字が目に入った。

艦内は活気にあふれて騒音に満ちていた。出撃に備える緊張した空気が肌を刺すように伝わってきた。拡声器は、次々と命令を伝達していた。

「みんな、ああ、俺たちは大和に乗って早速沖縄に行くんだな、と、大喜びで勇み立ったんです。配置も何も決まっていないのになぜ張りきったかといえば、みんな、まぁ子どもっぽい考えでしょうけれど、敵前上陸して斬り込みをやるんだと勇み立ったわけです」

すでに三月二十四日、連合艦隊司令部からは「大和」の第一遊撃部隊へ出撃準備命令が伝えられていた。出撃方面は伏せられていたが沖縄だろうとの推測がなされた。疑心暗鬼を生じて沖縄水上特攻作戦の構想が、噂としてすでに出回りはじめていたが、あくまで噂の域にすぎなかった。

候補生は、乗艦後、戦闘配置を指定されると、ただちに艦内見学や敵機の上空飛来とともに対空戦闘用意が下令されて、慌ただしい候補生教育が開始された。

佐藤昇二候補生（東京都・八十六歳）は、大和の四十六センチ主砲の射撃指揮官付として甲板より約十メートル下の、巨大な砲弾の装填室に配置された。そこで目撃したのは、砲身の長さ約二十五メートルの四十六センチ砲が旋回する砲底の装填部の圧倒的な迫力だった。弾薬庫からトロッコに乗せて運ばれてくる長さ二メートル、一トン半はある巨大な主砲徹甲弾には度肝をぬかれた。

「男として本懐だと思いましたよ。こんなすごい艦に乗れるなんて、もう死ぬ覚悟でしたからね」

と、佐藤は振り返る。

北村和夫候補生（横浜市・八十五歳）は、「大和」の能村《のむら》次郎副長兼防禦指揮官のいる艦橋真下の副砲発令所に配置された。ここには艦内の様子が掌握できる計器類と通信装置が集中していた。

「艦橋の一番底の部分ですから厚い甲鉄で囲まれて外部は全く見えない。出入口は床にある直径六十センチぐらいのハッチが一つだけでした。厚さは二十センチから三十センチもある防護壁です。外へはハッチをこじ開けて最上甲板へ上がらなければならない。艦底に近いところです。私はあのまま大和にいたらたぶん水死したでしょうね」

事実、北村が配置される予定の副砲発令所のほぼ全員が、「大和」と運命をともにしている。たったひとり副長の能村次郎大佐だけは、重傷を負ったが奇跡的に助かった。佐藤も北村も、このとき出撃していたらまず生還はありえなかっただろうと言う。

三　合理主義者の特攻観

第二艦隊の司令長官として多くの兵士の命を預かる伊藤整一が、自分の息子の叡より二年後輩の海兵七十四期生を、「大和」と「矢矧」に迎え入れたのは四月三日。少尉候補生の青年たちと対面したとき、息子の顔が胸をよぎったに違いない。

伊藤は、七十三名の候補生たちを前にして、かれらの表情の中に叡に似た危うさと前途への不安を読みとったことだろう。

〈すでに終局が見えてきた戦争に、前途有為の青年たちを沖縄特攻の道連れにしてよいものだろうか。海の藻屑となって消えるには余りにも若い尊い命だ〉

後述するように森下信衛《のぶえ》参謀長から「候補生退艦」という、候補生を「大和」から降ろすことの判断を求められたとき、伊藤が、ひとりの親として、かれらの両親や家族への思いをみずからの思いと重ねたのは自然の情理だった。そもそも全艦隊の将兵六千名余の死を意味する不条理な特攻出撃には、伊藤は当初から強く反対だった。伊藤の懊悩がはじまった。沈痛な思いに圧し潰されるようだった。

この頃、伊藤長官の副官だった石田恒夫少佐は、伊藤が航空特攻の生みの親といわれる大西滝治郎第一航空艦隊司令長官について漏らした言葉を回想に書きとめている。

　三月に入り、特攻攻撃一本槍の戦況のとき、伊藤長官は私に、「大西（滝治郎第一航空艦隊長官）君はよく特攻、特攻と言っているが、副官、あれはどんなものだろうね。若い者があの効果を知ったらどう思うだろうか」と言われた。たしかに特攻の戦果が世間で言われているほど効果のあるものではないことは私も知っていたが、私にはなんと返事してよいのか言葉に窮してしまった。当時長官の御長男叡《あきら》君もパイロットとして特攻の訓練をしていたことを長官は御存じだったのである。

（増刊『歴史と人物』昭和五十六年九月号）

伊藤は、そもそも大西滝治郎中将が、特攻作戦実施の了解をとりつけに来たときも特攻には反対だった。当時、伊藤は軍令部次長の要職にあった。

それよりも前、第二航空艦隊司令長官・福留繁中将からも部下の航空隊司令岡村基春大佐の特別攻撃決行にかんする進言を伝えられたとき、伊藤はこう反対している。

〔軍令部〕総長にも申し上げて研究はするが、自分としてはまだ体当たり攻撃を命ずる時機とは思わない。

（『大本営海軍部　回想の大東亜戦争』）

昭和十九年の夏、マリアナ沖海戦の敗北直後である。その八月頃から各種特攻兵器の考案・製造も着手されはじめていた。

特別攻撃については、伊藤次長の部下であった作戦部長（第一部長）の中澤佑《たすく》少将が、及川古志郎《こしろう》総長（十九年八月に就任）と大西中将の会談の模様を記録に残している。軍令部の総長官邸で行われた及川と大西との会談は息詰まるものとなった。中澤は、昭和十八年六月から翌年の十二月までの一年六ヵ月、まさに日本海軍が急坂を転げ落ちていったとき、伊藤軍令部次長の下で作戦部長をつとめた人物であった。

中澤作戦部長は、伊藤次長のアメリカ駐在に三年遅れて昭和七年（一九三二年）にスタンフォード大学で学んだ知米派のひとりだった。中澤は、職を賭して北部仏印進駐と三国同盟の締結に強く反対し、辞職を申し出たこともあった。誠実で、バランス感覚に優れ几帳面な性格のかれは、日々の戦況や日誌など詳細にメモを残している。太平洋戦争の末期、海軍の中枢にあったものの記録として、貴重な歴史資料である。現在、その全ての資料は遺族から国立国会図書館憲政資料室に寄贈されている。

余談となるが、昭和五十二年（一九七七年）に八十三歳で没した中澤佑については思い出すことがある。

亡くなる前年の秋、わたしは中澤を目黒区中根の自宅に訪れた。気さくに迎えてくれた庭先には、柿の木がたわわに実をつけ赤く熟していた。

長年、懇意にしていた元軍令部参謀で防衛庁戦史室（当時）の戦史編纂官野村実の紹介で、二度ほど面談の機会をえたのである。野村が、中澤に引き合わせてくれたのは、その人物もさることながら戦争中に中澤が作成していた「戦況」や「作戦参考」などと書かれた私的な記録が、私の仕事に大いに役立つと考えたからであった。軍令部時代、中澤の部下で作戦室に勤務していた野村は、後に自分が戦史編纂に携わるようになってから、中澤のノートが、歴史的事実の復元に何よりの史料となったという。

その日、中澤は、自らの経験と識見を交えて、旧海軍を存分に語ってくれた。その温厚な人柄は極めて謙虚で、戦争の反省と敗因を率直に矍鑠《かくしゃく》として語ってくれたのが印象的であった。かれは山本五十六の真珠湾攻撃にも批判的であった。

「単に一撃を加えるだけだったなら、真珠湾攻撃はむしろやるべきではなかった。真珠湾攻撃が日本の敗因あるいは降伏を早める一因になったと考えている。日本海軍は明治以来、先制奇襲による開戦が伝統となっていたが、近代戦ではあくまで大義名分を明らかにして国際世論を味方につけることが重要である。しかるに、奇襲攻撃と開戦通告の遅れの失態により、『リメンバー・パールハーバー』の標語のもとに、米国民を挙国一致、総力戦態勢に駆り立てて行ったのは痛恨の極みである」

と、晩年に至るまで確信していた。

さて、昭和十九年十月五日、大西滝治郎は、南西方面艦隊司令部付（二十日付で第一航空艦隊司令長官）に任じられフィリピンへ赴いた。内地出発を前に、大西は戦局の重大性と対応につき意見具申のために軍令部を訪れたのである。

いよいよ「捷一号作戦」が発令され、フィリピンのレイテ島沖で米軍との連合艦隊最後の決戦（レイテ沖海戦・十月二十三日―二十五日）が開始される直前だった。

このときの会談メンバーは及川古志郎軍令部総長、伊藤整一次長、中澤佑作戦部長、そして大西滝治郎中将である。大西はこう述べたという。


「私は大慈に基き航空機を以て必死体当り戦法（当日は特攻という語句は用いず）を採る以外に現状を打開すること不可能と考える。軍令部の諒解を求めるために参上した」と述べられた。

列座の四名、黙して一句も発するものなく、やや長時間経過した後、及川総長口を開き、

「大西君、大本営も諒解いたします。戦死者に対する処遇は充分考えましょう。然し大西君、はっきり申し述べておくが、決して命令はして呉れるなよ」

伊藤次長、中澤第一部長、これに申し加えることなし。

大西中将答えて曰はく
「よく判りました。事後のことは宜敷《よろしく》く願います」

とて、この会談は終った。（『海軍中将中澤佑　海軍作戦部長・人事局長の回想』）

日本海軍における神風《しんぷう》特別攻撃隊の体当たり作戦は、この瞬間に組織決定された。及川総長が、いちはやく特攻を認める決断を下してしまった以上、伊藤次長も中澤作戦部長ももはや口を挟む余地は全くなかった。及川に追随せざるをえなかった。前途の多難を思えば暗澹たる気分に陥った。ふたりは発する言葉も失ってしまったのだ。息詰まるような沈黙がつづいた。

内容空疎で掛け声ばかりが勇ましい特攻の唱道は、合理主義者、知性派の伊藤の心には全くそぐわないものがあった。もともと神風精神には無縁の人物であった。伊藤は昭和十六年九月の軍令部次長就任以来、敗戦に敗戦を重ね、戦局を破綻に導いて国家の付託に背いてきた重責をおもえばなおさらのことだった。

そして、歴史に禍根を残す重大な組織の決定が、あたかも賭場で采を転がすように丁か半かで決められてしまったのだ。

特攻作戦を認めた及川の「決して命令はして呉れるなよ」との言葉は、単なるポーズにすぎなかった。特攻は自発的な志願に任せよというが、安全地帯にいる海軍トップの曖昧な責任逃れのこの一言が、その後、出撃にあたって死地に追い詰められた若者たちの多くをいかに人間としての苦脳と呻吟に陥れていったか。

伊藤は、愚劣な特攻作戦を命じる側に立ってしまったのである。

しかも、軍令部次長という立場から特攻の戦果については冷徹にその実情を見通していた。伊藤は、軍令部次長として、この場ではっきりと意見をのべるべきであった。かれは歴史に重大な責任を負うことになった。

作戦部長の中澤は、十月二十日の日誌に、あえて赤のアンダーラインを引いて「体当たり攻撃隊編成発令《ママ》」と記している。特別攻撃隊の創設にひとしおの責任の念を抱いたのである。

この日より、ルソン島のマバラカット飛行場の関行男大尉の率いる「敷島隊」をはじめとして「朝日隊」「大和隊」「山桜隊」などの神風特別攻撃隊の出撃が開始された。その前夜、新婚間もない二十三歳の関大尉は、上官の玉井副長から突然に否応なしの出撃を持ちかけられて南溟に散っていった。

四　候補生退艦

昭和二十年四月五日、午後三時を過ぎて伊藤長官から候補生への訓示があった。

諸子国家存亡の時機に当たり、漸《ようや》く海軍兵学校を卒業し戦に間に合い慶賀に堪えない。よろしく本艦隊の任務を解し、全力を挙げて任務に邁進すべし。

その日は、朝から好天に恵まれて、周防灘の海は凪《な》いでいた。南には豊後水道を隔てて大分の国東《くにさき》半島がくっきりと迫っていた。

訓示が終わった後、副官の石田恒夫少佐は、伊藤長官と森下参謀長に従って急ぎ長官公室へ向かった。連合艦隊司令部からの沖縄出撃命令を受けて長官と参謀長は、出撃準備の打ち合わせにかからねばならなかった。作戦発令から出動まで二十四時間余り、出撃準備のその慌ただしさは想像を絶するものがあった。「大和」の艦内は騒然としていた。

このとき、副官の石田恒夫の頭の中にふとよぎることがあった。三日に乗艦して以来、候補生の訓練ぶりを見てきて浮かんだ考えである。そのときの状況をのちに石田がまとめた記事（「戦艦『大和』の死闘　比島沖海戦と特攻出撃」）から再現するとこうなる。

〈まだ艦内の様子にも慣れておらず動作もどこかぎこちない〉

かれらは、正式配置も決まっていなかった。慌ただしく出撃準備に働く緊迫した他の兵士たちの動きにくらべるとむしろ緩慢さが目についた。

石田は、候補生たちを指さしながら参謀長の森下に言った。

「参謀長、あれは降ろしましょう」

森下も、了承した。

当然、このことは、第二艦隊司令長官の決裁を受けなければならない。

森下は伊藤に決裁を求めた。

「長官、せっかくの訓示が終わったばかりですが、候補生は降ろしましょう！」

この一言は、伊藤にとっては、渡りに船であったろう。

「承知しました。是非そうしてほしい」

伊藤は、森下たちの進言をためらうことなく承諾した。この若者たちが乗艦してきて以来、その前途を最も憂慮していたのは伊藤自身だったからである。

〈海上勤務の経験もなく、いますぐ戦闘の役には立たないが、生き残ればこれから先、国のために働き得る有為の青年を明日なき死への道づれにする必要はない〉

と、心中に秘かな思いを抱いていた。

退艦となると次は手続きの問題である。海軍省の規則では、乗り組み士官の人事異動は通常、人事局の所掌で行われる。だが、艦隊長官は、自己が統率する艦隊内の士官を他の艦に移乗させる権限が認められていた。伊藤は、本来、海軍省の人事畑の軍人である。局員、人事課長、人事局長を歴任してきた。かれは自らの知見に照らして、沖縄出撃からはずした候補生を第二艦隊麾下の他の艦へ移す知恵はすぐに働かせることができた。

午後五時三十分、伊藤整一司令長官の名で、「大和」「矢矧」に乗り組んだ海兵七十四期生ら七十三名に退艦命令が発せられた。同時に、「大和」をはじめ各艦の病人、老兵、艦載機の飛行科員などの三十名近くも一緒に退艦させることになった。

伊藤長官の決裁が終わると、森下参謀長と有賀艦長の差配するところとなり、能村副長の「候補生退艦用意！」との艦内放送が「大和」に流れた。

その直後の候補生たちの落胆と失望、阿部一孝候補生の有賀艦長への直訴についてはすでにのべてきたとおりである。

以後、「酒保開け」の号令によって送別の宴、遺書書きなど出撃前夜の「大和」で繰り広げられた将兵や候補生たちのドラマと別れの酒宴の様子などについては、吉田満の名著『戦艦大和ノ最期』など、多くの関係者の回想や著作があるのでここでは割愛する。

ただ、ここでひとつふれておきたい関係者の興味深い秘話がある。

伊藤叡の同期会、海兵七十二期の機関紙「なにわ会ニュース87号」に、駆逐艦「花月」の航海長をつとめた山根眞樹生（平成二十年逝去、八十四歳）が「戦艦大和沖縄海上特攻作戦余話」と題して紹介しているエピソードである。そこに沖縄出撃を命じられた艦長たちの本音が記されている。

このとき三田尻沖で「大和」へ燃料の移載作業を行ったのが第三十一戦隊の駆逐艦「花月」だった。「花月」は、退艦を命じられた候補生たちを「大和」から移乗させて、かれらを徳山港まで運ぶ任務も与えられた。

この夜、候補生たちは別れの酒宴が長引いたのか、「花月」にはなかなか乗ってこなかった。乗艦してきたのは六日の午前二時頃だった。この間、「花月」は前日の夕方から「大和」への重油の移載作業をつづけていた。

候補生たちを待つあいだ、手持ち無沙汰だった「花月」の鶴岡信道司令官は、ひとりで艦橋に上がってきた。第三十一戦隊の司令官鶴岡少将は、このとき将旗を「花月」に移していた。艦橋には、臨時に当直を交代した航海長の山根がいた。

鶴岡信道司令官は気さくな人物だった。誰もいない艦橋で計器の点検をしていた山根に向かって声をかけてきた。かねてから山根に目をかけてくれて信用も得ていたのである。自分の息子みたいな年頃で気安さもあった。このとき司令官が、ふと伊藤長官のことをさりげなく口にしたのである。

「伊藤長官の長男も君のクラスだそうではないか。特攻隊だってね。長官の心境も複雑だろうな。ところで航海長、君だけに話して置きたいが、今日も軍議があり駆逐艦長達皆反対だったよ。この作戦の成功率はゼロだというのだ。自分もそう思う。艦長達は生命が惜しいのではない。不合理な戦闘のやり方は海軍のやり方ではない。何千人もの若者をなぜ大和一隻の『名誉の沈没』の為に連れていかねばならないのかという艦長もいた。

それにしてもGF〔連合艦隊〕のK参謀にも困ったものだ。昨年六月サイパン陥落後、戦艦扶桑・山城等をサイパン島に乗り上げて、戦艦砲台にすると本気で考えて、各方面を口説いて巡ったが、我がクラスの中沢佑君（少将当時軍令部第一部長）に成功の算のないことを論破され、漸く引っ込めた」

然し、「今度はまたぞろ、大和の陸上砲台論だ。合理的な作戦でないものだから、一億総特攻の先駆けという精神論を持ち出して、遂に自説を貫いた。こういうのを作戦の外道というのだ、よく憶えておくがよい」

山根航海長は、『名誉の沈没』という、「大和」に死に花を咲かせるために、なぜ何千人もの若者が死なねばならないのかという言葉がグサリと胸に突き刺さったのである。

やがて鶴岡は、山根航海長の宿直の労をねぎらって艦橋を降りていった。ここでいう「K参謀」とは神重徳《かみしげのり》連合艦隊司令部参謀のことである。山根は憚《はばか》ってイニシアルを使っている。神参謀を論破した中澤佑作戦部長とのやりとりについて、後ほど中澤の手記を基に紹介しよう。

戦後、新日鉄の副社長をつとめた山根には、晩年にいたるまで、鶴岡が艦橋で語ったあの言葉が、「大和」の沖縄特攻の本質を突く言葉として強く忘れがたい記憶として残った。

「大和」への「花月」からの燃料の移載もようやく終わりに近づきつつあった。間もなく、候補生たちも「花月」への移乗の準備が整った旨の連絡が入った。海は穏やかだったが、月明かりもなくあたりは漆黒の闇に包まれていた。

候補生は「大和」から、横付けされている「花月」の上甲板まで三メートルの落差を乗り移るのだが、網梯子がなかった。そのために用意された青竹を伝って滑り降りねばならなかった。「大和」への乗艦は網梯子、退艦は青竹と、これも候補生には忘れがたい記憶となって残った。

巡洋艦「矢矧」の候補生たちは、内火艇で「花月」へ移った。

「『花月』に乗って徳山港に降り立ったときには、夜が明けていました。海軍燃料廠の岸壁に降りたのですが、そこからはみんなで堂々と徳山駅まで四列縦隊で胸をはって歩いてゆきました。今でもはっきり覚えているんだけども、汽車に乗ったのは十時頃でした。僕らは二等車なんですよ。候補生といえども海軍士官ですからね。徳山から呉へ向かいました」

と、阿部一孝はその日に思いを至す。

四月六日の天候は快晴、気温十一度だった。徳山湾の東に連なる太華山《たいかざん》の山裾には満開の桜が朝日に映えていた。

その頃、「大和」も、三田尻沖から人間魚雷「回天」の基地がある大津島の東、徳山湾口の粭島《すくもじま》沖に移動していた。そのときの「大和」の艦影は、米軍偵察機によって撮影されている。

海軍兵学校七十四期の阿部一孝や北村和夫、佐藤昇一たちにとって、「大和」の乗艦は江田島を出てからのわずか三日間だった。だが、世界最大、最強の戦艦に乗ったことは、戦後の人生に大きな心の支えとなり誇りとなった。

六十七年前、候補生を代表して有賀艦長に沖縄出撃への同行を直訴した阿部は、生き残ったものの苦衷をしみじみとこう述懐する。

「私たちの一年上のクラスの七十三期は三一パーセント、七十二期は五四パーセントが戦死しました。優秀な人たちが次々と死んでいったわけですよ。私なんかは生き残ってこれをどう理解すればよいのか。終戦後、会社に入ってしばらく偉くなろうなんて思いませんでしたね。何か悪いことしているような気がしてね」

その後の佐藤昇二は、呉港から配転先の空母「葛城」に向かった。さらに大竹の海軍潜水学校に移されて訓練に励んでいたとき、広島の原爆に遭遇した。

「八月六日、ピカッと光りましてね。窓際から見ていてキノコ雲がパーッと上りました。そのうち負傷者が、貨車や徒歩でやってきました。お母さんが子どもの手を引いて、肩に風呂敷包みを背負って……。そういう人が延々とやってきました。まさに生き地獄でしたね。それを見ていてこれで戦争は負けたな、と思いました」

戦後、竹中工務店の幾多のビルの建設現場で建築技師として指導的役割を果たしてきた佐藤はそう語った。

平成二十四年（二〇一二年）の春、横浜駅近くのホテルで、インタビューに応じた阿部一孝たち海軍兵学校七十四期生は、すでに八十五歳の峠を越えた。

あのとき伊藤長官が下したすばやい決断が、多くの優れた若者たちを「大和」から生還させた。そしてこれが戦後日本の基礎を築いたかれらの運命を決めたと言っても過言ではないだろう。

第二章
有明海が育んだ偉丈夫

中学伝習館時代の友人と。２列目中央に伊藤
（開小学校伊藤文庫所蔵）

一　信念から建てた大きな家

手元に、戦前の昭和十年（一九三五年）春に建てられた、伊藤家の詳細な見取り図がある。この家に一番長く住んだ三女の須原貞子が、当時を思い出し、本職の建築家の手を借りて想起再現してくれたものだ。戦前の伊藤家の家族の楽しい思い出がたくさん詰まった家なので、間取りの復元作業は辛い仕事であった。

「父母や兄も元気な頃で、部屋の一間《ひとま》一間や庭の一木一草に遠い昔のことがつぎつぎと思い出されて悲しくて涙がとまりませんでした」

と、電話口の声もつまり気味だった。

現在、「父子桜」がそびえているのは、この旧宅の表門から玄関のポーチにつづく砂利道の東側の植え込みの中である。

伊藤の家族、整一と妻のちとせ、長男の叡《あきら》と純子《すみこ》をはじめ三人の娘たちの一家六人が、東京・杉並の家に住んだのは、空襲で全焼した昭和二十年五月二十五日までの十年余りである。艦隊勤務と転勤が多かった伊藤にとっては、海軍省人事課長と局長、さらに軍令部次長の時代をふくめても実質五年半という短い期間の住処《すみか》でしかなかった。

しかし、この十年間は、伊藤の栄達もあり、かれと叡が戦死するまで一家が最も幸せで充実した日々を送った時代でもあった。

自宅は伊藤とちとせ夫人とが、ふたりで設計して建てた家だった。持ち家の建築は男の一世一代の大仕事であり、男の甲斐性だという。四十五歳の伊藤にとって、家には随所にかれの人生設計と思想が込められていて、人物を知るうえでまことに興味深い。

それまでの伊藤家は、江田島、佐世保、鎌倉、そして杉並に移るまでは、目蒲線の洗足駅から徒歩十分ぐらいにあった大森区（現・大田区）北千束の小さな二階建ての借家に住んでいた。

結婚後十数年が経ち、伊藤夫妻は、子どもたちの教育のために東京に家を持つという夢の実現に向けて動き出したのである。休日には夫婦で候補地を探して歩いた。

田舎育ちの伊藤にとっては、広い庭と菜園はどうしても欲しかった。たまたま、当時はまだ東京の郊外だった帝都電鉄（現・京王井の頭線）の西永福の駅近くに、植木だめになっていた六百坪の土地を探しあてた。あたりにはまだ田畑と雑木林が広がっていた。官給生活の身には、甚だ分不相応な土地と家であったが、これまで生活を切

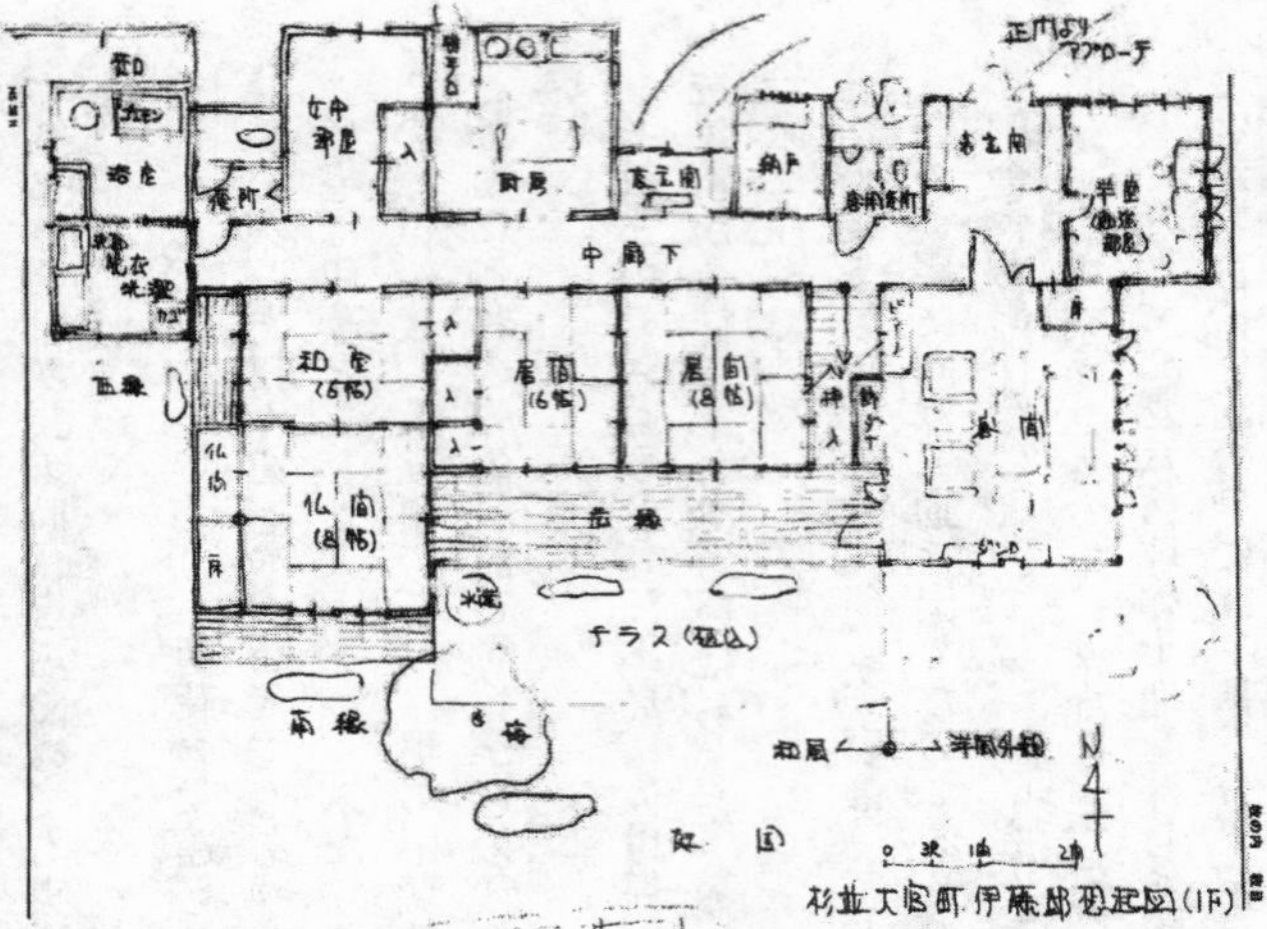

伊藤家の間取り

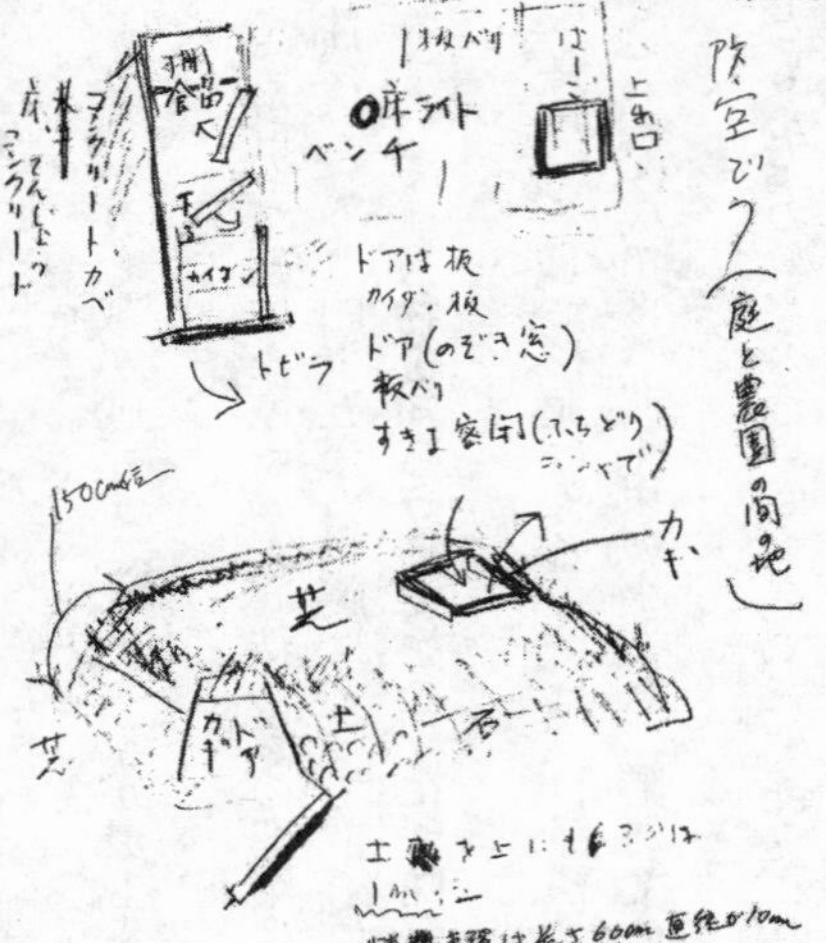

庭にあった防空壕
（絵／須原貞子）

り詰めてつくった蓄財をはたいて、一挙に人生設計の一歩を踏み出すことになったのである。

広い敷地の中に、一階には応接間と八畳の座敷と仏間など七部屋と厨房、二階が広縁の廊下と八畳と六畳の二部屋、アメリカ生活の影響もあって洋風の応接間は、大勢の来客用にとくに広くとってあった。

土地を求めてからは、伊藤家では毎晩おそくまで、設計図をああだこうだと、何度も描いたり消したりしながらの夫婦の会話がつづいた。

間取りの設計では、夫妻の意見がなかなか一致しなかった。温厚な伊藤が珍しく叫んだ。

「黙れっ！　黙れっ！」

妻を制する大声が子どもたちの記憶に残っている。

伊藤の人生で夫婦喧嘩の大声が聞こえたのは、このときの一回きりだった。

伊藤家では、何事も一家の大方針たる戦略を夫がたてると、妻は手際よくてきぱきと戦略の実現に向かって戦術を組み立てていったという。夫唱婦随の典型のような夫婦であった。

敷地が広かったのは、伊藤の信念からだった。

「自分は、海軍に全力を傾注したならば、退職後は静かに晴耕雨読の生活を送って人生を終えたい。自治団体や軍需工場から勧誘があるだろうが、決して応じないつもりである。恩給だけで生活できるように覚悟しておくように」

と、妻には常々語っていた。

私生活はガラス張りにして他人からは非難されないように妻にも命じていた。

また、海軍兵学校、機関学校合格者からの保証人依頼は一切断った。

「海軍では保証人の如何で得することはない。海軍は全く実力の世界である。他力本願の根性がいけない」という理由からだった。

だからといって伊藤が、他人の面倒を見ないというのではなかった。むしろ郷里から青雲の志を抱いて勉学のために上京する若者には積極的に自宅の部屋を提供したり、損得なしで他人に尽くすことは喜びとさえ感じていた。

知人から娘のために海軍関係の婿さがしを頼まれると、ニコニコと結婚の世話をやくのを苦にしなかった。正月には見合い写真をもって訪れる母親と振り袖姿のあでやかな娘たちで伊藤家の玄関は賑わった。

しかし、これらの後始末はすべて妻のちとせの肩にかかっていたのである。

妻も結婚当時の大尉時代や、その後に中将になってからも、生活態度にしろ相手に対する振る舞いにしろ全く変わらなかった。人には愛想よく、高官の妻であろうが、田舎の農家の婆さんだろうが、わけ隔てすることは全くなかった。家事の一切を取り仕切り夫が公務に全力を尽くせるようにつとめていたのである。

伊藤が新居に移ってから、日々の生活で最も熱を入れたのは、畑仕事と庭いじりだった。これには、長男としての自分が、家業の農業を継がず、父祖伝来の田畑を故郷に見捨ててきたという親不孝への負い目があった。

伊藤は、休日には家にいる限り早朝から、庭の植木いじりと二百坪余りの菜園の手入れに時をすごした。海軍の着古しの茶色い木綿の作業服の上着に、アメリカから持ち帰ったニッカーボッカーズをはき、かんかん帽というのがお決まりの姿だった。噴霧器を担いで畑に降り立ったら日が暮れるまで農作業に没頭した。四季おりおり菜園には実に多くの野菜が植えられた。

伊藤家の見取り図には、絵心のある貞子が菜園の絵図を添えてくれている。山いも、さつまいも、人参、さと芋、玉ねぎ、大根、ホウレン草、小松菜、いんげん、さやえんどう、アスパラガス、トマト、オクラ、綿の木、ゴマの木、西瓜と多種多様である。さらに畑の周囲には、サトウキビやトウモロコシ、それにたくさんの果物の木も植えた。桃、柿、栗、梨の苗木を大量に買ってきて、屋敷内に所狭しと植えた。

あるとき、近くで作業を見ていた長女の純子が、

「なぜたくさんの果物の木を植えるの？　これらの木はいつになったら実がなるの？」

と、尋ねたことがあった。すると、伊藤は満面に笑みをたたえて純子に応じた。

「あなたたちがお嫁にいって子どもたちを連れて里帰りするとき、孫たちが喜ぶようにだよ！」

間もなく、桃も栗もたくさんの実をつけるようになった。だが、とうとう伊藤が孫の顔を見ることはなかった。

庭には、手仕事で庭石や花壇をしつらえて四季の草花を絶やすことがなかった。チューリップ、アネモネ、すずらん、水仙、シャクナゲ、霧島つつじなどお気に入りの花が庭に彩りをそえた。

チューリップは、四月の花よりも厳冬にたくましく土中から小さな芽を出す、その生命力のたくましさが、伊藤の気質にあっていて好きだった。

土地を購入した当時は、草木一本ない殺風景な庭だったが、夫婦で近所の植木だめを回っては、一本ずつ植え足していった。桜、ヒマラヤ杉、とくに九州の郷里にある犬槙の生け垣が懐かしいのか、槙の木が大好きだった。あるとき大きな羅漢槙を見つけてきて大枚をはたいて嬉しそうに植えていた。

現在、この東京・杉並の家には伊藤が作った花壇も植えた羅漢槙も、桜と並んで戦災を免れ一本も失われることなく旧宅の庭に亭々とそびえたっている。

いささか余談になるが、これは、伊藤が若きアメリカ時代に親交を結んだ、沖縄戦の司令官、戦艦「大和」を撃沈させた第五艦隊司令長官レイモンド・スプルーアンス大将が、晩年の生きがいとしていた庭いじりの趣味と共通していて面白い。

伊藤とスプルーアンス、ふたりの生涯をたどっていくと、太平洋戦争を相戦った者同士、趣味といい、性格や生き方など奇妙に似ていて興味深いものがある。

スプルーアンスもまた、海軍をやめた後、他の要職につくのを潔《いさぎよ》しとしなかった。一九四八年（昭和二十三年）、海軍大学校の校長を最後にアメリカ西海岸のペブルビーチに隠棲して悠々自適、晴耕雨読の生活に入った。

ところが、一九五二年、アチソン国務長官の強い推薦とトルーマン大統領のたっての要望で、共産主義化の危機にさらされていたフィリピンの抑え役として、大使の話が急に降ってわいてきたのである。

かれは、三年間フィリピン大使をつとめた。しかしその後は、全ての仕事ときっぱりと縁を切った。そしてペブルビーチに戻り愛妻のマーガレットを伴って隠遁生活に入った。一九五五年のことである。

そして、スプルーアンスが静かな日々の生活で最も好んで取り組んでいた仕事の一つが、煉瓦造りの大きな中庭を自力で作り上げる作業だった。古びたカーキ色の海軍の制服を着て朝から日が暮れるまで何時間もせっせと働いた。シューメーカーという働き者の庭師を雇ったが、この人物は、永年にわたりスプルーアンスのよきパートナーとなって働き、互いに尊敬しあった。

スプルーアンスは、毎日ひとりの年老いた農夫になりきって、温室も備えられた四分の三エーカー（約九百坪）の広い庭の手入れをみずから行い、四季の草花を絶やさなかった。庭の片隅に巨大な堆肥の山を二つ築き、畑や植木に堆肥をほどこした。かれが見せた緻密な仕事ぶりは、太平洋戦争で示した対日作戦と同じように、庭造りにおいても完璧だった。

その頃のスプルーアンスは、かつてミッドウェー海戦の覇者となって以来、硫黄島、沖縄戦に至るまで日本海軍を徹底的に打ち負かした勇将の面影をすっかりひそめていた。昔は堅苦しい無口な人物だったが、家族や友人たちとの関係では愛情を示し、機嫌よく振る舞い、相手に気遣う態度は家族にとっても模範的な夫であり父や祖父であった。

スプルーアンスは、あえて海軍時代の過去の栄光を捨て去った。それを語ることもせず自分を律する生き方を貫いたと言うほうが適切かもしれない。

以上の話は、スプルーアンスに可愛がられて育ったその孫娘、現在、ジョージア州アトランタに住む一九四五年生まれ、学校図書館司書のエレン・ホルシャー（六十七歳）が語ってくれたものである。

エレンは、スプルーアンスの一人息子のエドワードの長女である。海軍軍人であったエドワードはスプルーアンスの存命中に交通事故で亡くなった。だが、すでに死の床にあったスプルーアンスは、意識も途切れがちで息子の死をほとんど理解できずに亡くなった。

この点、息子の戦死を知ることなく先に逝った伊藤と似た境遇だった。

二　片道三時間の徒歩通学

伊藤整一は、明治二十三年（一八九〇年）、福岡県三池郡開《ひらき》村大字黒崎開《くろさきびらき》（現・みやま市高田町）で農業を営む伊藤梅太郎とユキのあいだに生まれた。三男三女、六人兄弟の長男だった。

開村というのは、その名のとおり遠く江戸時代に柳川藩立花氏によって有明海を埋め立てて開かれた干拓地である。その頃の村の戸数は、約五百戸、人口三千名余り、村の九割が農業という小さな村だった。梅太郎はここで水田二町半を有する小農であった。

整一の少年時代は、海まで家から徒歩十分。干潮時には沖合まで有明海特有の遠浅の干潟の海がひろがっていた。有明海は干満の差が大きいので満潮時しか泳げなかった。だが、子どもたちにとって干潟ほど面白い遊び場はない。

春先の麦が熟れる頃、海岸から四、五キロも潮が引いた後に干潟を鍬《くわ》でひと掻きすると親指大の無数の小さな穴があらわれた。そこに毛筆を突っ込んで上下に動かせば地元でマジャコとよぶ有明海特有のシャコの一種が面白いように釣れるのである。筆先をつかんで上ってくるマジャコの爪を指先ではさんで穴からサッと抜き取れば一丁あがりとなる。

さらに夏の醍醐味はハゼ釣りである。タオとよばれる干潟の中の流れや満潮時に海水が上がってくる濁った塩堀に、ハゼは無数にいたので面白いほど釣れた。ハゼの身を小さく切り、これを餌にすれば食欲旺盛なハゼは、すぐ食らいついてきた。近所の大人に酒の肴としてそれを売れば、子どもたちにとっては夏休みの結構な小遣い銭稼ぎになったのである。

少年時代の伊藤も、後に夏休みに開村の祖父の家に遊びにくる息子の叡も、有明海で魚釣りに興じるのが何よりも楽しみだった。

時折、対岸の雲仙岳（長崎県）や多良岳《たらだけ》（佐賀県）のほうから夕立雲が湧き上がり、遠雷が轟き海に稲妻が走りはじめると、一目散に家に逃げ帰るのだった。

伊藤の父親の梅太郎は、小心でやや偏屈なところがあったが、几帳面な性格の篤農家だった。田や畑はいつも箱庭のようにきちんと手入れされていた。梅太郎が悔やんだのは男の子に誰も農業を継ぐものがいなかったことである。

農村にあって長男の整一が先祖代々の農業を継ぐのは当たり前、というのが梅太郎の考えであった。ところが高等小学校の卒業を間近にして、息子が中学伝習館へ進学したいと言い出したときには、驚いて猛烈に反対した。

伊藤家は、六人の子沢山である。長男が進学すれば経済的にも苦しい。

梅太郎は、頑固に整一の進学に反対した。親子の睨み合いはしばらくつづいた。

「伝習館に何とか行かせてくれんね。家の仕事は学校から帰ったら何でもするから!!」

息子の強い意志に、農業を手伝うことを条件に梅太郎はやっと折れた。

伊藤家の男子は、三人とも長男につづけとばかりに、官費支給の上級学校に進学して、それぞれに軍人、大学教授や高校教師となった。

農業の後継者が絶えたことは、梅太郎にとってはいつまでも後ろめたく心に重くのしかかっていた。

後年の伊藤の菜園づくりは、田舎を捨てたせめてもの罪滅ぼしのつもりもあったのだ。

母親のユキは、なかなかのしっかり者だった。外見は無口でおとなしく、農家のおかみさんにしては気品があったので甥、姪たちから「貴婦人」というあだ名をつけられていた。極めて意志が強く何事にも決して弱音を吐かなかった。また人の悪口を言ったり愚痴をこぼしたりすることもなかった。梅太郎が大酒呑みであったにもかかわらず伊藤家の所有する農地が少しずつ増えていったのも、ユキの努力と才覚からだった。

伊藤は開尋常小学校から岩田高等小学校の高等科を出ると、明治三十七年(一九〇四年)四月、旧柳川藩の藩校の流れをくむ福岡県立中学伝習館(現・県立伝習館高校)に進んだ。日本はロシアに宣戦布告(二月)し、日露戦争がはじまった年である。そして伊藤が二年生の五月二十七日には、東郷平八郎大将(のち元帥)に率いられた日本海軍の連合艦隊が、日本海海戦でロシアのバルチック艦隊を打ち破った。

海戦が繰り広げられた長崎県の対馬海峡は、柳川からさほどの距離ではない。整一少年にとり海戦の舞台、対馬沖から福岡県沖の玄界灘、山口県の見島沖にかけてはなじみの場所だった。そして、その大勝利の報はいちはやく柳川にも伝わった。このことは、多感な年頃の伊藤少年にも大きな感動と興奮をあたえたことだろう。海軍への憧れは、この日本海海戦もひとつのきっかけとなって芽生えたに違いない。

後にこの栄光に満ちた連合艦隊の幕引きを、伊藤自身の手で行わねばならぬ奇しき運命に巡り合うが、それはずっと後の話である。

伊藤は家から柳川まで十二キロ半の道のりを毎日歩いて通った。急ぎ足でも片道三時間少々はかかる距離である。夏は、七時半の始業時刻に間に合うためには遅くとも四時に起きなければならない。

この生活は二年生の後半に寄宿舎ができるまでの二年弱だったが、雨風の日も、夏の日照りの強い日も、凍てつく潮風が吹きつける寒い冬の日も、片道三時間余、往復六時間余りを徒歩で通学した。台風などとりわけ悪天候の日は、柳川の鈴木発という医者の息子の同級生の家に泊めてもらい、かれに数学などを教えていた。

鈴木は、後に伊藤の顕彰碑が建設されたとき、地元の新聞に、「伊藤整一君を偲ぶ」という一文を寄稿している。伊藤の勉強法は、同級生のあいだでも相当に評判になっていたらしい。

伊藤君は、始めは開村より五里半〔実際は十二キロ半〕の道を毎日通学し、午前四時に起きて家を出、中島橋附近で東の空が白む夫れから本を開いて道々予習復習をして通い、二宮尊徳の再来とも云われていた。

徒歩通学が、後年の我慢強い伊藤の精神力の形成におおいに役立った。自然が人間を大きく育てたのである。

現在も残る道幅三メートルほどの伊藤の通学路を、同じように徒歩でたどってみると、車社会に生きる身には、あらためて毎日の通学が並大抵の努力と意志ではできないことがわかってくる。

真っ暗なうちに家をでて畦道を行くと、やがて有明海を隔てて背後に雲仙の普賢岳が朝日を浴びて輝きはじめる。この地方の方言で「タンナカ」とよぶ水田を縦横に走るクリーク（用水路）では、泥亀（スッポン）があちこちで頭をのぞかせるなど、のどかな風景が広がっていた。北へ一時間半でちょうど川幅四、五十メートルの矢部川の堤防に出る。堤防にそって東に進むと、やがて目標の中島橋（現・浦島橋）にたどりついた。伝習館までの中間点である。

午前六時、ちょうど川岸には朝市に間に合うように有明海から漁を終えた漁船が川を上ってくる。橋のたもとで威勢のよいセリがはじまるのである。地元でクツ底とよぶ舌平目、ワケノシンノス（尻の穴）とよぶイソギンチャク、季節によってエツ、ワラスボ、ムツゴロウ、タイラギ、ウミタケなど有明海ならではの珍しい種類の魚が跳ねるのだった。

中島橋で一息いれると、すぐに左折して漁師町を西へすすむ。すると再び柳川に向かう田舎の一本道である。一時間半ほど北へ歩くとやがて旧立花藩の城下町だった柳川の市街に入る。城下の掘割の橋をいくつか渡れば、始業時刻ぎりぎりに中学伝習館の校門にたどりつく。それが伊藤の一日のはじまりだった。

中学伝習館は、明治の和洋折衷、木造二階建ての校舎だった。伊藤の七年先輩に北原白秋がいた。ただ、かれは落第や長期の休学を経て伊藤が入学した年に中退している。

現在、伝習館高校の校内にある同窓会館の三稜記念会館には、北原白秋の写真などとともに偉業をなした卒業生のひとりとして伊藤整一の肖像写真も掲げられている。

中学時代の親友のひとりが語り残しているところによると、伊藤は伝習館へは補欠入学だった。農業を継ぐか、進学するかと、受験準備の遅れからか一年生の頃は成績がふるわなかったようである。しかし、三年生で特待生となり四年生で級長、五年生の在学中に難関の海軍兵学校へ一発で合格するという努力型の大器晩成の片鱗を見せていた。下校したら暗くなるまで父を援《たす》けて農業を手伝った。家業を手伝うことが父親と約束した進学の条件だったからである。

伊藤は、家で教科書を開いたことはなかった。勉強は学校の授業に集中したのである。しかもその日の予習復習は旧友の鈴木発がのべたように、往復の時間を利用していた。車も走らない時代のこと、田舎道は安全だった。歩きながら教科書を読んでいた。往路は夜が明けると日の出とともに教科書を開いた。それがちょうど矢部川にかかる中島橋あたりだったのである。

後年、叡が兵学校受験の頃、夜遅くまで受験勉強していた息子を叱りつけたことがあった。

「勉強は、家でするものではない。学校で全部すませてくるのだっ！」

自分の体験にもとづいて能率的な勉強を要求し、叡が深夜まで勉強部屋にこもることを許さなかった。ガリ勉では、たとえ入学しても授業についてゆけるものではない、とこれだけは頑として持論をゆずらなかった。このときは、叡も相当に苛立って母や妹たちに辛く当たった。しかし一人息子の横暴にも母のちとせは優しく応じたという。

伊藤の中学時代については、伊藤の十歳年下で高校教師をつとめた三男の繁治（大牟田市・平成八年逝去、九十六歳）が、晩年、こう回想している。

「時代が異なるので今の高校生が、整一の真似をしたら絶対に大学進学は無理だろう」

長い夏休みや冬休みでも家で教科書を開いたことは一度もなかった。休暇中も家で勉強はしなかったが、昼寝などして時間を空費することもなかった。農業の手伝い以外には、普段できないことにのみ集中した。特に旅行や遠足に青春を費やした。

夏休みには四、五人の学友と連れ立って和服に下駄ばき、一升ほどの米を携えて民家に泊めてもらいながら、阿蘇や耶馬渓《やばけい》、平家の落人伝説が残る五家荘《ごかのしょう》など九州の秘境めぐりの旅を楽しんだ。阿蘇の外輪山から眺めた活火山の雄大な姿、中岳の地底を揺るがす噴火口と噴煙、秘境や太古の時代からの変わらぬ大自然の温もりが、小さな村に生まれた青年に、気宇を養い人間形成にも大きな影響を及ぼしていった。

再び余談となるが、伊藤の勉学のスタイルは、アメリカのスプルーアンスの少年時代とよく似ていて興味深い。
スプルーアンスは、学校での各科目を楽々とこなして、成績も優秀であった。学校の授業で勉強を終えてしまい、友達は家で勉強するために教科書を持ち帰ったが、何も持たずに帰るのが常だった。ある日、かれが怠けているのだと思った教師が、教科書を持ち帰るように命じると素直に従った。だが、家で教科書を開くこともしなかった。

後に日本と米国の海軍を背負うことになる伊藤もスプルーアンスも、共に抜群の集中力と頭脳に恵まれていたということである。

伊藤は弟たちの面倒をよくみた兄だった。

世間一般では、兄は威張ったり、機嫌が悪いと弟たちを叱ったり、たたいたりする話はよくある。だが、六歳下の二男耕太郎と三男繁治の弟ふたりは、そのような目にあったことは一度もなかった。兄が感情に走って行動したのをみたこともなかった。意見をするときも決して頭ごなしに押しつけることもなく、冷静に自分の意見をのべて弟たちの反省の材料にさせていた。

伊藤の人物像の一面を語るのに、海軍兵学校時代のエピソードがある。

兵学校の生徒たちは、休日には教官の官舎を訪ねて教えを乞うたり、家庭の味を楽しませてもらう慣習があった。この場合、多くの生徒が武官教授の家を訪問した。戦争の武勇伝を聞く楽しみもあったし、覚えめでたくありたくて点数稼ぎをしようとする魂胆もあった。一方で、英語をはじめ人文系の文官教授の家を訪問する生徒は稀だった。

元文藝春秋社長の田中健五が、中国新聞の連載コラム「生きて」(平成二十二年十一月三日付)の中で、海軍兵学校の英語教師だった父親について語っている。その中に海軍兵学校時代の伊藤整一が登場している。田中の了承をえて紹介する。

父が兵学校で教えていたころ、海兵の生徒は週末の休み、教官の家に遊びに行っていた。だけど文官の教授の家には行かない。彼らは先輩の軍人とコネをつけておきたいから。でも母（文生さん）の話では、一人だけうちに遊びに来ていた生徒がいたんですよ。伊藤整一という人が。

伊藤が、田中教授の人物にひかれて家を訪問していたのか、その辺は明らかではないが、ただひとり時流に阿《おもね》らない伊藤の人柄を物語っている。

伊藤は、海軍兵学校に中学伝習館の五年生の七月に合格し、その年の九月に入学した。三年後の明治四十四年（一九一一年）に、クラス（三十九期）総員百四十八名中十五番の成績で卒業している。万事、兵学校の卒業成績、俗に海軍でいうハンモックナンバー（席次）がものをいう世界にあって伊藤は、好成績だった。

そして、海軍大学校を大正十二年（一九二三年）に卒業するときは、二十二名中一番だった。卒業にあたっては天皇から恩賜の軍刀一振りを賜った。同期の甲種学生二十一期には、岡敬純《たかずみ》海軍次官、レイテ沖海戦の志摩清英第五艦隊長官などがいた。

片田舎の無名の青年が刻苦勉励して、いよいよ海軍の主流に躍り出る機会が訪れたのである。だが、伊藤自身は、その成績を鼻にかけることもなく、むしろ淡々と無頓着なほうであった。自ら立身出世を求めるというタイプではなく、無欲恬淡《てんたん》と与えられた場で全力を尽くすという生き方は、終生変わらなかった。

三　ちとせとの結婚

伊藤の人生で確実に言えることがひとつある。糟糠の妻となるちとせとの出会いがなかったら、それは別なものとなったことだろう。

伊藤整一が結婚したのは、大正十一年（一九二二年）のことである。福岡県三潴郡青木村江島（現・久留米市城島町江島）で代々医業を営む、そのときすでに故人となっていた内科医の森格弥の五女、ちとせがその相手であった。

伊藤整一、三十二歳、ちとせ二十一歳のときである。ふたりの年齢が十一歳も離れていたのは、伊藤が再婚だったからである。前妻の婦美は、その二年前に結婚一年足らずで、お産で母子ともに死亡するという不運に見舞われた。妻はまだ十八歳だった。

それから、軍の高官の娘との縁談がいくつか舞い込んだが、失意の伊藤は全て断っていた。

現在、伊藤の生家の近くに、伊藤整一の生誕地を示す石碑が、ポツンと時代に取り残されたように建っている。昭和二十九年（一九五四年）に、当時、地元選出の県会議員だった伊藤の竹馬の友、藤田國雄が私費をはたいて建てた碑である。現在は道路建設にともなう立ち退きで出生地とは関係のないところに追いやられ、碑文も風雪にさらされてすっかり剝《は》げ落ちている。

戦後、伊藤の生家は空き家になった。伊藤はしばらく地元でも忘れ去られたような存在だった。親友だった藤田は忍びなくて、生誕の石碑にせめて伊藤の名をとどめようと建てたのである。

これには当初、地元や伊藤の弟の繁治などが反対した。大勢の人が戦争で亡くなったのに、軍人の伊藤だけを特別に扱うことを世間に対して憚ったからだった。それでも藤田は反対を押し切って生誕碑を建てた。従って最初の石碑も実際の伊藤の生家からは、かなり離れたところに建てられていた。後に旧海軍の生き残りによる顕彰碑建設の話が持ち上がる三年前の話である。

伊藤の縁談は、親友の藤田國雄が持ち込んだ。

少年時代から体格が良かった伊藤は、藤田の用心棒的存在だった。伊藤は腕力が強く、運動も、柔道、剣道、テニス、野球と万能だった。地元の有力者の息子であった藤田は、学校は違ったが喧嘩はもっぱら伊藤に頼っていた。

伊藤が中学伝習館時代に旅行の出立を前にして、同級生たちと撮った記念写真（章扉参照）が一枚残されている。白絣《しろがすり》に袴《はかま》姿の伊藤は、色浅黒く眼光鋭く六人の一座の中心となっている。

藤田國雄の妻の静江は青木村の出身だった。実家がちとせの森医院の近くにあって遠縁にあたる。ちとせのことは、若い頃から美しく気立てのよい娘としてよく知っていた。独り身となった伊藤のことを心配していた藤田は、妻の遠縁の森家の娘に目をつけたのである。当時の森医院は、近くの町や村からやってくる多くの患者と入院患者をかかえてちとせの父・格弥の亡き後、長男の弘が院長を継いで繁忙を極めていた時期だった。ちとせは兄のもとで看護婦見習いのような仕事をしていた。

とにかくふたりは、藤田の肝いりで青木村の森家でお見合いをすることになった。

青木村は、現在は市町村合併で久留米市城島町の一部となっている。その頃一帯は有明海にそそぐ筑後川の左岸に酒蔵が並ぶ造り酒屋の町として賑わっていた。森医院の近くの筑後川の堤防には、久留米の大善寺と大川を結ぶ路線距離十三キロの大川鉄道会社の軽便鉄道が走っていた。森医院はその江島駅の近くにあった。小さな蒸気機関車とガソリンカーが、旅客や城島で生産された酒と大川の家具を産地から久留米方面に盛んに積み出して、近隣の町は産業で豊かに潤っていたのである。

三潴郡の青木村は、伊藤の実家からは柳川を挟んで北にほぼ二十五キロぐらいのところに位置していた。今日では鹿児島本線や西鉄天神大牟田線が通っていて便利だが、当時は鉄道の拡張工事の最中だった。

森医院は戦後に廃院となって、現在、広い空地になっている。

しばしここに佇《たたず》めば、人の世のうねりの波の儚《はかな》さを思わずにはいられない。

森家での見合いの席には、藤田夫妻の他に、ちとせの母のツマや兄の弘夫妻が顔を揃えた。このとき伊藤は、挨拶を済ませるとお愛想ひとつ言うでなく、座敷に運ばれてきた御馳走に静かに箸をつけるばかりでほとんど喋らなかった。寡黙な伊藤の普段の姿であった。誰とでも気さくに接する明るい性格のちとせにとって、相手の第一印象はよくなかった。背が高いばかりでつかみどころのない大男の伊藤を不満に思った。

それに十一歳も年齢差があるところがひっかかった。藤田は、なんとか売り込もうと伊藤の人柄のすばらしさと頭の良さ、心根の優しさなどを本人の前でしきりに陳弁あいつとめるのだった。

「伊藤君は、将来、海軍を背負って立つ男ですばい。こら私が太鼓判を押しますよ。普段はおとなしくしとらすばってん、昔は餓鬼大将だったとですよ」

当の伊藤は、ただニコニコと黙って聞いているだけで、藤田の独壇場だった。

結果は、森家から藤田にすぐに断りの返事が来た。伊藤はちとせの意に染まなかったのである。

そして数日後、伊藤から、ちとせの兄の弘に手紙が来た。見合いの席での非礼を詫びていた。伊藤はちとせに好意を抱いたが、縁がなかったとはいえ、ちとせさんに断られたのは自分の人格のいたらなさだと、自分を責める丁重な内容だった。

ところが、女心はわからぬものである。

兄からこの手紙を見せられて、ホロリときたのがちとせだったのだ。伊藤の誠実さに心ひかれたのである。

人を傷つけないで、しかも丁寧な言い方で、物事の後始末をするというのはなんと素晴らしい人物でしょう、と、すっかり伊藤の印象が変わってしまったのである。ちとせは決心を翻した。

間もなく伊藤のもとに藤田から短い電文が届いた。

「ヨメモロタ」

つまり、ちとせさんを嫁にもらったぞ、という喜びの電報だった。

こうしてふたりは、大正十一年（一九二二年）十月に、親友の藤田國雄夫妻の媒酌で結婚式を挙げた。

その後、伊藤と藤田の莫逆の交わりは、その戦死の日までつづいた。

福岡県みやま市高田町の藤田家には現在、伊藤の形見の品がひとつ残されている。藤田が真珠湾攻撃の成功を祝って伊藤に有田焼の壺を贈ったお礼に、かれの肖像写真に添えてしたためた書である。

伊藤は、自分はいたって元気旺盛に頑張っているので心配してくれるな、という前文につづいて、真珠湾攻撃をこう総括している。


未曾有の冒険的大奇襲作戦は、天佑神助により見事に成功、歴史的大戦争の初動に先制の利を収め得たり　御稜威《みいつ》に因る事勿論なるも亦多年海軍将士練磨し至誠通神の結果ならん

紀元二千六百一年十二月八日　　伊藤整一

真珠湾攻撃は、賭けにも似た冒険的な大奇襲作戦であったこと、そしてこの成功は、初動にあたって先制攻撃が優位をもたらしたこと、これも海軍将兵の永年にわたる練磨が神に通じた結果である、と称えていた。

しかし、伊藤はまだ軍部も国民も緒戦の勝利に酔っていた頃、上京してきた親友の

藤田には悲観的な本音を漏らしていた。末娘の檀美枝子（久留米市・八十七歳）が、このとき父から聞いた伊藤の言葉を今でもはっきりと覚えている。

「国民は、いま勝った勝ったと騒いでいるが、日本人は戦争に負けたことがないから先のことがわかっとらんのだよ」

と、ひそかに戦争の行く末を案じていた。戦争が長期戦になることを感じ、日本として成算がないことを見通していたからである。

伊藤にとって、真珠湾攻撃は自らも大きくかかわった作戦であった。当時、軍令部次長として作戦に携わったにもかかわらず、あるひとつの理由のために後々までも自責の念にかられてしまう一件については後に記そう。

第三章 士官として父として

海軍兵学校監事の頃。官舎前にて

一 アメリカ駐在とスプルーアンスとの交遊

伊藤整一は、中佐時代の昭和二年（一九二七年）から二年間、海軍省人事課員を経て、日本海軍の駐在員としてワシントンに単身赴任した。そのうち一年間はアメリカの大学での研究を兼ねたものだった。

かれがアメリカへ留学した時代は、ちょうど満州の権益や排日移民法をめぐって日本とアメリカとのあいだに波風が立ちはじめた頃だった。緊張を和らげようと、昭和二年三月、日米親善の文化使節として「青い目の人形」一万二千体余りが、アメリカのキリスト教の慈善団体から日本全国の幼稚園や小学校に贈られてきた。

日本からもお返しに子どもたちが募金を集めて市松人形をアメリカの子どもたちへ贈った。よく知られているように「青い目の人形」の多くは、太平洋戦争中に敵性人形として焼却処分される運命となった。伊藤がアメリカに赴いたのは、まさに二つの国の政治的緊張がはじまろうとする時代であった。

伊藤は二年間のアメリカ滞在のうち、後半の一年間をアメリカ屈指の名門、エール大学で学んでいる。

アメリカ東部、ニューヨークから北東百十キロのコネチカット州ニューヘブンにある一七〇一年創立の歴史と伝統を誇る大学である。

現在エール大学には、一九二八年秋学期から二九年の春学期まで一年間の伊藤整一の在籍記録が残されている。伊藤がアメリカという大国から懸命に学ぼうとしていた痕跡である。

大学の記録によると、〈Ｓｅｉｉｃｈｉ　Ｉｔｏ〉の経歴は、一九一一年（明治四十四年）、日本の海軍兵学校卒、在学時の肩書はＣｏｍｍａｎｄｅｒ（海軍中佐）と記されている。

学生名簿をみると伊藤が籍を置いた修士課程の同級生は、ほとんどがエール大学、コロンビア大学やオックスフォード大学などアメリカ内外の有名大学の既卒者が多い。ほかにアジア系の留学生は韓国人がひとりいるだけである。特に専攻所属した学部はなかったと思われる。選択した履修科目は、経済学、社会学、米国政治学と記載されている。成績表も残されているが、これは現在も家族といえども公開はしないという。

後に伊藤が敵として戦うことになるアメリカは、八十五年前の無名のひとりの日本人学生についても徹底して記録を残していた。歴史を大切にする国柄である。

伊藤が、経済学や社会学などの科目を学んだのは、当時のアメリカの動向と無関係とは思えない。伊藤は米国の国民性や歴史、伝統、政治など、将来の国策や外交に役立てる事項を懸命に身につけようとしていた。

在学中の住所は、82 York St. New Haven, Connecticut 06510
現在もヨーク通りの地名は、そのまま残っている。82番地は大きなビルに囲まれた地域だった。あたりは病院の建物が多く、北へ二百メートルも行けば、大学医学部のエール・ニューヘブン病院につきあたる。

名簿には、伊藤と同じ住所の学生たちが幾人もみられることから、宿舎は大学の学生寮であったと思われる。留学のひとつの目的である語学の習得には、日々多くの時間を学生と交遊するのが最も近道なのは、今も昔も変わりない。

面白いのはかれらの年齢が、伊藤よりも十歳も十五歳も若いことである。

日本人としては大柄で、体格ではアメリカ人にもひけを取らない伊藤であるが、はるか年下のアメリカの若者たちに混ざって、海軍中佐がたったひとり、勉学に励んでいた姿は想像しただけでも微笑ましい。

宿舎のすぐ東側には、幹線の鉄道が走っていた。ニューヘブン駅まで徒歩五分ほどである。伊藤は、休日にはニューヨークまで足をのばしてアメリカの社会や文化に存分にふれていたに違いない。

一九二〇年代のアメリカは、第一次世界大戦が終わり、まさにアメリカ人の生活が根底から変容する大衆消費社会と経済成長の十年間だった。

自動車、電気洗濯機、冷蔵庫、口紅、香水、デパート、高層建築ブーム、そして大衆娯楽の王としてのトーキー映画の登場、ジャズ、禁酒法、ゴルフ、フットボール、プロ野球の隆盛とホームラン王ベーブ・ルースの時代、さらに女性のスカート丈と髪の毛が短くなり、広告媒体としてのタブロイド判新聞やラジオ放送の開始と爆発的な普及――。

まさに伊藤はアメリカ文明の黄金期にその身をおいていたのである。

そして留学を終えた年の秋に、バブル経済が終焉し、ウォール街の株大暴落に端を発した世界恐慌がはじまった。十月二十四日の暗黒の木曜日である。

軍人として二年間のアメリカ駐在で学んだのは、国民の進取の気性と世界第一をモットーとする覇権精神の横溢だった。さらに資源の豊かさ、軍需工業をはじめとする工業生産力については遥かに日本を凌駕し、軍事に直結する重工業や航空機の生産能力などについては、わが日本の比ではないことを頭に刻んだ。日米開戦に反対したいわゆる知米派としての経験は、このときに培われたのである。

伊藤のアメリカ時代に親交があった海軍士官に、海軍作戦部情報課のレイモンド・

スプルーアンス中佐がいた。

　すでにのべたように後にかれは、米国海軍第五艦隊司令長官として、戦艦「大和」の撃沈を命じることになった。

伊藤が、ワシントンの日本海軍武官事務所に籍を置き、語学将校として留学を命じられた一九二七年（昭和二年）、スプルーアンス中佐もその夏、海軍大学を卒業して、海軍情報課の課長補佐に配置されていた。海軍情報課というのは課員二十名ばかり、かれはそのナンバーツーの情報将校になったのである。

　情報課の仕事は、アメリカが日本やヨーロッパ、南アメリカの主要な国に配置したアメリカ大使館の海軍武官から送られてくる情報を収集分析して、重要な情報を海軍の各部門や艦船に送ることにあった。そのためにはワシントンに駐在する日本海軍の軍人や外交官との接触も大きな任務となった。

　スプルーアンス中佐が一九二九年末に戦艦「ミシシッピー」の副長に転任するまでの情報課時代は、まさに伊藤のアメリカ駐在時代と重なっていた。

　語学将校としての伊藤のアメリカでのもう一つの肩書は、海軍武官事務所の先任駐在員であった。坂野常善《つねよし》海軍武官のもとで、ある役割を担っていたのである。

　後年、伊藤の下で軍令部作戦部長をつとめた中澤佑は、伊藤より五年遅れて一九三二年（昭和七年）にアメリカ駐在員となりスタンフォード大学に留学した。その中澤の「昭和七年駐米日誌」の中に、駐在員の仕事に関するメモが残されている。おそらく伊藤のアメリカでの行動も同じようなものだったと思われるので、中澤の記録を追ってみたい。

当時の中澤中佐は、その年の二月十八日に日本郵船の「大洋丸」（一万五千トン）で横浜港を出港、ホノルルを経由して三月四日にサンフランシスコに到着した。途中、ロサンゼルス、シカゴなどを見物して、三月十三日に列車でワシントン入りしている。

ワシントンでは、ユニオン・ステーションに後年の海軍軍務局長・保科善四郎中佐の出迎えを受けて、その日から早速、海軍武官事務所や日本大使館への挨拶回りと歓迎会が待っていた。そして三日後には、新聞広告を出して家具、朝食の賄いつきの下宿探しを行っている。中澤の希望は週十ドルである。早くも四日後には、気に入った下宿がみつかり契約をすませた。

それから三ヵ月間は、個人教授による英語の習得だった。中澤は、ボルチモアで退役海軍大尉のウィリアム・シーボルド夫妻（戦後にGHQ外交局長）のもとでみっちりと語学の研修に励んだ。

そして五月には自動車を購入している。伊藤が車の運転を学んだことも同じ理由からで、広いアメリカでは日々の生活や各地の情報収集には必需品だった。伊藤もアメリカから愛車シボレーの前で撮った写真を一枚日本に送っている。箱形の頑丈そうな車をバックに「わが輩」と書いて、いかにも得意気であった。

伊藤がエール大学に学んだのは、着任二年目の秋からであった。したがって一年目は中澤中佐とほぼ同じコースをたどっていたに違いない。

中澤はアメリカ国内の、実に多くの都市や地方を訪れている。伊藤の一年目の行動は定かではないが、同じく全米各地を旅行して見聞を広めたことだろう。

「昭和七年駐米日誌」の八月三日の日付の欄には、「諜報会議」という注目すべき四文字がある。このときはオリンピックが開催中のロサンゼルスで開かれている。

中澤中佐たち駐在員が、アメリカに派遣された目的のひとつが、諜報活動であった。かれらは諜報員としての役目も担っていたのである。

「諜報会議」にはアメリカの各大学に留学している語学将校やロサンゼルスに常駐する駐在員も召集されている。留学は、米国海軍の軍備や国情を研究することはもちろんだが、情報収集活動の一環であったということだろう。

日本海軍が、アメリカにおける情報収集活動、つまりスパイ活動を本格化させたのは、伊藤が留学を終えた五年後の昭和九年（一九三四年）のことだった。後にミッドウェー海戦で戦死する山口多聞大佐（戦死後、中将）が海軍武官として着任した頃からであった。山口は伊藤整一の三年前にもアメリカ駐在の経験があり、そのときはプリンストン大学で学んだ。

昭和九年、大国の建艦競争に一応の歯止めをかけたロンドン海軍軍縮条約の有効期限切れが二年後に迫っていた。ロンドンで予備交渉も開始された。一方、日本の満州建国やそのことが起因となって昭和八年三月の国際連盟脱退など、アメリカとの緊張も高まりつつあった。不透明な国際関係の中でアメリカ海軍の動向を探ることは、海軍武官の重要な仕事だったのである。

山口大佐は、ワシントンのウィスコンシン通りの住宅地域にある高級アパート「アルバン・タワー」の中に情報収集活動の本拠となる居室兼事務所を設けて活動を強化していた。

一方、アメリカも海軍情報部が中心となって山口大佐たちの部屋や行動を監視していたのである。敵が何を知りたがっているのか、その入手しようとしている情報がわかれば、それらを安全に守ることができるのである。敵は、自分の国の弱点を補うために他国の秘密を狙うことになる、その狙うものがわかれば、通常、相手の弱点がすぐ明らかになった（『日本との秘密戦』）。

日米双方が、極めて紳士的に親交を深めることができたのが、人物の観察に最も都合がよい大使館や海軍武官事務所が主催するパーティーや家庭へ招いて開かれる晩餐会であった。それらは恰好の情報収集の場となった。

情報将校のスプルーアンス中佐も、日本に関する最も新しい知識を得ていたのは、海軍武官の坂野常善大佐からであった。

スプルーアンスは、日本人に対する敬愛の念を持ちつづけていたが、それは坂野武官や先任駐在員の伊藤中佐たちとの交流を通じて芽生えたものであった。情報将校の仕事は、相手に対する信頼と友情、善意の関係の中から互いに必要な情報を得ることである。かれらの仕事は実に微妙なそのバランスの上に成り立っていた。

スプルーアンスや坂野たちはお互いによく訪問し合い晩餐会を開いていた。

無口で人見知りで控えめのスプルーアンスにかわって座をとりもったのは、いつも微笑みをたたえた知的なマーガレット夫人であった。社交上手で世話好きのマーガレットは、夫の弱点を補って内助の功を発揮した。

マーガレットの晩年の七年間をともに過ごした、孫のデイビッド・ボガート（六十三歳・IT技術者）は、彼女についてこう語る。

「祖母のマーガレットは、すごく話しやすく、温かくて、社交的なひとでした。いろんな意味で物事の適切な判断ができる賢いおばあちゃんでした」

デイビッドは、一男一女に恵まれたスプルーアンス夫妻の長女、母と同じ名前をもつマーガレットの長男である。祖母のマーガレットの性格と人柄は、若い頃のままだったのだ。スプルーアンス夫人もまるで伊藤の妻のちとせを彷彿とさせる女性だった。

ワシントンにおけるマーガレットは、坂野の家族や単身赴任の伊藤の面倒を何くれとなく見てくれた。伊藤がアメリカから純子に送った子供服などは、坂野夫人やマーガレットが選んでくれたものだったという。

伊藤たちが自宅での晩餐会に招かれたときには、レコードから家の主人の大好きな一曲、ドボルザークの「新世界より」が流れていた。

スプルーアンス家での軍人たちの会話は、友好的雰囲気に満ちていたが、お互いに発言には慎重であることは忘れなかった。自分たちの立場をわきまえていたからだ。

その頃のアメリカは禁酒法の時代だった。スプルーアンスは、日本の客人のために酒の密売人からひそかに入手したウィスキーやブランデーなどを飾り棚にずらりと並べて、存分にもてなした。やがて酒が注がれ会話が弾むにつれ、お互いにあたらずさわらずの情報の交換がなされるのが常だった。

マーガレット夫人も一座に加わっては、坂野や伊藤たちに酒や食事をすすめながら、かれらの微妙な駆け引きのうちになされる会話を興味を持って聞いていた。

日本人の客たちは、アメリカ海軍の指導的地位につくと見られる大物の生活、性格や行動、癖や特技、時には微妙な軍事情報などへさりげなく関心を示していたが、かれらが最も知りたがっているのはアメリカ情報機関の組織についてだというのも、賢明な夫人には次第にわかるようになってきた。

スプルーアンス家の食卓で面白かったのは、絶対にチキン料理がでなかったことである。かれは少年時代に、父親が事業で破産したために自ら金を稼がねばならず、雛を育てて売っていた。そして鶏が殺されるのをいつも目の当たりにしていたのである。それ以来チキンを苦手としていた。口数の少ないスプルーアンスは、それでも貧乏時代をユーモアを交えてお客に語り、何とか座を和ませようと努力していた。

鶏については農村育ちの伊藤にも思い当たることがあり、つい話が弾んだ。かれの家でも鶏を飼っていた。祝い事になると鳥小屋の鶏を絞めて羽毛をむしって熱湯を注ぐ。そんな仕事の手伝いを命じられるのは、常に長男の伊藤だった。かれもまた同じ経験からチキンが大の苦手だった。チキンの話になると境遇が似たふたりには笑いがおこった。

さらに、デザートの定番は、スプルーアンスの大好物の特大容器に盛られたチョコレートアイスクリームと決まっていた。蘊蓄を傾けたデザート談義が、より友好的な雰囲気を盛り上げたのである。

こうして言語や文化の違いをこえて共通の話題がふえていくにつれ、互いに胸襟を開くのにさほど時間はかからなかった。

スプルーアンス中佐と伊藤たちの交流は、日本大使館主催のダンスパーティーでもしばしば見られるようになった。このときタキシードのよく似合う伊藤のダンスの相手をしてくれたのが、スプルーアンス夫人のマーガレットだったのである。流暢な英語を操る温厚な紳士の伊藤は「セイイチ」、「セイイチ」と、親しく呼びかけられて夫人のダンスのよきパートナーだった。

伊藤が、スプルーアンスら米国海軍のカウンターパートとはじめて接してみて意外に感じたのは、その対日意識が想像していた以上に友好的であり、敵視する意識があまり感じられないことだった。その点、日本海軍の自分たちのほうが、明治の日露戦争以来、仮想敵国としてきたアメリカに対して、よほど偏見を抱いてきたように思えてならなかった。

スプルーアンスと伊藤は、性格や趣味においても実に共通するところが多く、その交際を通して次第に相手を尊敬する気持ちが深まっていったのである。

二　兵学校教官時代の幸せな日々

伊藤家の長女、純子《すみこ》にとって思い出のキャンバスに描かれた父親像は、伊藤がアメリカ駐在を終えて帰国した九州・久留米駅での出迎えの風景からはじまっている。

昭和四年（一九二九年）五月のある夜、四歳の純子は六歳の兄の叡《あきら》とともに日の丸の小旗をもたされて母親に連れられ停車場に向かった。叡は、頭にお気に入りの「大日本帝国海軍」のネームが入った帽子を被った水兵の服装だった。

父の単身赴任中の二年間、親子三人は、久留米市近郊の三潴郡青木村江島のちとせの実家の森医院に身を寄せていたのである。

伊藤がアメリカへ旅立ったのは、純子が二歳のときだったのでもちろん父親の記憶はない。停車場のホームに伊藤が乗った列車が蒸気と煙を吐きながら恐ろしい音をたてて驀進《ばくしん》してきた。このときの煌々たるヘッドライトと真っ黒な蒸気機関車の迫力は、子ども心に今も強く刻まれている。

だが、父親との出会いの情景は全く記憶に残っていない。

純子の記憶の中に、父が初めて登場するのは、アメリカから帰国したその五月に、伊藤が江田島海軍兵学校の生徒隊監事に着任して、学校内の丙号官舎に住むようになった頃だ。

純子は、目の前に忽然としてあらわれた大きな体格の男性にしばらくは馴染めなかった。

引っ越し荷物の片づけが一段落した頃、整一が裏庭で物干し竿を切って短くする作業をしていた。純子は、突然あらわれたこの父なる人物との友好関係を築こうと、作業の傍らにおそるおそる近づいた。そしてこの大きな図体の男性の横にちょこんと座ってまじまじとその顔を見つめた。

ややえらが張った顔と鋸《のこぎり》をもつ大きな手にまず視線がいった。このときの映像が二枚目のキャンバスに印象深く刻まれたのである。伊藤のほうもこの人見知りするわが子にどう接していいかわからなかった。父親は、小さな娘をうまく扱う術を持ち合わせず、戸惑い気味に微笑みかけた。純子は、息を呑み、目を丸くしてその男をみつめた。ふたりに会話も成り立たず、大きな男はただニコニコとしているだけだった。

「スーミコチャン」と頭のてっぺんから絞り出すような声と変な抑揚で娘に呼びかけた。純子は余りにも唐突な挨拶にかえって物怖じしてしまった。娘は気まずさに耐えきれず官舎の台所にいた母親の下に一目散に逃げていった。

純子にとって、この情景が父親との初めての出会いの場面となったのである。その日、江田島は五月晴れのもとで海がまぶしく光っていた。

兵学校の教官兼生徒隊監事となった伊藤中佐は、やがて江田島の山の手にある乙号官舎に移った。こちらは広い屋敷と建物で、北向きの正門と南側の庭の門に「海軍中佐伊藤整一」の表札がかかっていた。監事というのは生徒の指導訓練の責任者で、当時の校長はのちに伊藤が軍令部次長として仕える永野修身《おさみ》中将だった。

江田島での夏、子どもたちは毎日のように庭先から水着姿で松林の坂道を下って海岸に泳ぎに行った。日曜日には伊藤も白いさらしの甚兵衛を羽織って子どもたちの相手をした。瀬戸内海の白砂青松の遠浅の海辺は、子どもたちにとって格好の水泳の訓練場となった。伊藤は顔を水につけること、水の中に身体を浮かせること、足で水を叩いて前に進むことなど、水泳の基本動作から丁寧に教えていった。

あるとき、官舎の家族がそろって宮島へピクニックに行くことになった。江田島の表桟橋から小さな船ででかけたが、途中でエンジンが故障して動かなくなった。絵ノ島という小島をすぎて厳島海峡にさしかかった頃であった。すぐ前方、二百メートルくらいのところに宮島の包ケ浦海水浴場の砂浜が見えていた。

そこで大人たちが相談した結果、宮島まで泳いでロープで船を引っ張ることになった。大人も子どもも少しでも泳げる者は全員が海に飛び込んだ。純子も父の背中につかまって泳ぐことになった。まだ小学校の一年生だった叡は、ふたりの後ろを独りで泳がされた。純子は亀の背中に乗った浦島太郎の気分だったが、叡は必死だった。何度も溺れそうになった。だが父親は、「ガンバレ！　ガンバレッ！」と檄を飛ばすだけで一向に手を貸してくれなかった。そして叡も大人たちに励まされてとうとう海岸まで泳ぎきってしまった。

後に海軍兵学校に進んだ叡は、学校の夏の恒例行事である宮島キャンプの厳しい水泳訓練で、同じ海を泳ぎながらこのときのことを懐かしく思い出していた。父親に鍛えられた幼き日のことは無駄ではなかったのである。

生徒隊監事の伊藤中佐は、生徒たちの水泳訓練でかれらに大きな思い出を残している。

兵学校の夏のキャンプが終わり、水泳訓練の最後の仕上げは、宮島から江田島までの二十キロの遠泳だった。

海兵六十期の足立次郎（元第七五一空飛行隊長、海軍少佐）のクラスは、伊藤監事の指導のもとで朝六時に海にはいった。予定では夕方早くに江田島に着くはずだった。ところが向かい潮にあって予定が大幅に狂ってしまったのである。クラスのほとんどがもうヘトヘトだった。伴走の船の上にいる監視の教官を恨めしく思った。

やっと江田島の湾内に入ると、遠くに兵学校の生徒館がかすかに見えてきた。島はとっぷりと日が暮れて灯りがともっていた。すると指揮の舟艇から何か大声が聞こえてきた。生徒たちはきっと船へ引き揚げてもらえるものと思って気を抜いた。ところがどっこい、船上で指揮をとっていた伊藤中佐の目玉がぎょろりと光ったのである。

張ったえらと真一文字にきりりと引き締まった口元はいつもの通りだった。船上に仁王立ちして生徒をにらむ姿は、まるで大魔王だった。

すると江田内の湾内に停泊中の艦艇からサーチライトが生徒たちを照らし出した。その煌々たる光を頼りにとうとう全員が最後まで泳がされてしまったのである。海岸にたどりついたのは午後八時を過ぎていた。

教官としての伊藤の厳しい躾《しつけ》と教育は、生徒に決して妥協と甘えを許さなかった。これから海軍軍人として生き抜かねばならぬ若者たちに、厳しい鍛錬を課して海上で生き残る術と忍耐力を身につけさせようとしたのだ。かれら六十期は百二十七名のうち、終戦までに五十三名が戦死している。

伊藤は、当時、上級生徒が下級生に対して行っていた伝統的な鉄拳制裁を厳しく禁止した。アメリカの留学生活で自由主義の空気を吸ってきた合理主義者の伊藤にとって、これは陰湿な暴力行為以外の何物でもないと思えたからだ。

だが、伊藤は、厳しいばかりではなかった。それからずっと後の昭和十一年（一九三六年）、戦艦「榛名」の艦長時代の逸話がある。

新米の従兵が、紅茶を出そうとして緊張のあまり砂糖と間違えて塩をいれて持ってきた。伊藤は、カップに口をつけてすぐに気づいたがそのまま最後まで飲んでしまった。取り違えに気づいた従兵は、青くなって大慌てに慌てた。どのようなお叱りがくるかと覚悟したが、伊藤はただニコニコと悠然としていた。

この従兵は、終生伊藤のことを尊敬していたという。伊藤の家族に伝わっていた話である。

伊藤は、私事においては、他人はもちろん家族も叱ったことはなかった。

受験勉強の方法をめぐって、さらにもう一度、酒に呑まれて酔っぱらった息子の叡を叱ったことがあったが、妻や娘たちが叱られた思い出は皆無だった。

伊藤家では、アメリカ帰国後の昭和五年に江田島で二女の淑子《ひでこ》が、翌年には佐世保で三女の貞子が、次々に生まれて家族もいっぺんに賑やかになった。

その頃の家族写真が、数枚残されている。その中に江田島の洋館風の官舎の前で撮った親子五人の写真がある（章扉参照）。伊藤は海軍の通常礼装に身を固めて、ちとせは、裾にぼたんの花をあしらった紋付きの晴れ着姿。長女の純子は、アメリカ土産の可愛い洋服姿であった。この頃、将来を約束されている一家は潑剌として輝いた。

伊藤は、求められないかぎりアメリカ時代のことは家族にもほとんど語らなかった。

この頃、純子が子ども心にもはっきりと覚えていることがある。伊藤が、アメリカから持ち帰った帰国荷物のトランクの中に、タキシードとエナメルシューズがあったことだ。武骨な父親からは思いもよらぬ品物だっただけ余計に記憶に残った。これは明らかに社交行事の晩餐会やダンスを楽しんでいた頃の持ち物だった。

さらに父の書斎の大きな机の上には、当時としては珍しい一台の英文タイプライターが置いてあった。その横には素敵なアメリカ人の海軍士官の写真が一枚飾ってあったのも覚えている。彫りの深い面長の耳の大きなアメリカ人だった。タイプライターは、アメリカ人との文通に使っていたのだろう。

書斎の机の上に飾ってあった写真の主が、スプルーアンスだったという確証はないが、もっとも可能性が高い人物である。

あるとき淑子が、応接間のソファーで体を休めていた父親に、何気なく英語の発音を習ったことがあった。

「私の女学校時代に、父がアメリカ勤務の経験があったのを思い出して、急に英語を教わったことがあったのです。そのとき実に流暢な発音でびっくりしたことがあります。きれいでしたねぇ、喋り方や発音も」

淑子は父親の隠れた一面をはじめて知ったときの驚きを語る。伊藤は、それまで家族の前で英語を喋ったことはなかった。持ち前の謙虚な性格から、それを娘たちに自慢することもなかった。

だが、家庭での伊藤は妻のちとせや娘たちに対してはレディー・ファーストに徹していた。電車に乗るときにはまず妻を、娘たちに対しては「さん」づけで呼び、旅先から妻にあてた手紙の結びには〈いとしき最愛のちとせどの〉を、いつも常套句として使っていた。「大和」出撃時に妻にあてた遺書にもこの字句を使っている。アメリカ駐在員時代の名残であった。

当時の日本人一般の男子に比べれば気障《きざ》なように感じてしまうが、伊藤は、自然とアメリカナイズされていたのである。

夏みかんを二つ割りにして、砂糖をかけて食べ家族を驚かせた。グレープフルーツの食べ方である。ゴルフもすればアイススケート、車の運転もできた。ただし、帰国後人前でそれらを見せたことはない。

アメリカからは、幼い長女の純子に「青い目の人形」やキューピー、洒落た子供服などを送ってきた。そして帰国のときには讃美歌集も持ち帰った。クリスチャンにはならずとも日曜日には教会に通って、ひそかに欧米人の精神文化を研究していたのかもしれない。

伊藤は西洋の楽曲も好んだ。時間があれば応接間のレコードでオペラやクラシックの名曲に、瞼《まぶた》を閉じて静かに聴き入る伊藤の姿を娘たちは覚えている。

二女の淑子は、父のそばにいるのが大好きだった。音楽が流れると膝の上に乗ったり横に座ったりして、わけのわからぬ歌を一緒に聞いていた。しかし、子どもには少しも面白くなかった。

「なんでこんな歌を聴くの？」

「聴いていればだんだんわかってくるよ」

やがて歳月がひとりでに、淑子にもクラシックの奥深さと、そしてその頃の父親の膝の温もりを伝えてくれるようになった。

三　開村の思い出

昭和六年（一九三一年）の暮、伊藤は大佐に昇進して特務艦「鶴見」の艦長へ転任となった。一家は江田島から故郷に近い九州・佐世保に引っ越した。

この年九月十八日――。

中国東北部では関東軍の謀略による満州事変が勃発した。これは世界と日本国民に大きな衝撃を与えたのである。世の中は急速に戦争の時代へと傾斜していった。

そのような中にあって、佐世保時代の伊藤は、軍務の多忙の中に寸暇を見出しては、故郷の親の元へ、その苦労と淋しさを慰めるために帰省していた。駅からタクシーを飛ばして自宅へ着くと、車を待たせて両親にご機嫌伺いする間もなくすぐに佐世保に取って返した。農業を継ぐ男手がいなくなり、農作業にうち込む老いた両親のことは一番気がかりになっていたことであった。
「親に孝行仕る可き事」とは、「葉隠《はがくれ》」の一節にある武士道の四大綱領の一つである。その信奉者たる伊藤は、自分を早くに故郷を捨てた親不孝な人間として内心忸怩《じくじ》たる思いを持ち続けていたのである。

伊藤は、翌昭和七年三月、満州国建国にともなう海軍創設の指導にあたるために、海軍顧問として満州の新京に転任した。日本海軍は、アメリカや欧州への遠洋航海など国際経験豊かな伊藤を、新国家建設の礎のひとりとして満州国へ派遣したのである。

この時期は、昭和恐慌が峠を越えてどうにか景気に明るさが戻りつつあった頃だが、まだ造船業界は不況に苦しんでいた。そのようなとき満州国の海軍創設というビッグニュースが発表され、業界は大いに沸いた。満州国海軍の創設責任者となった伊藤大佐は、至る所でかれに渡りをつけようとする業者の待ち伏せにあっていた。

満州国へ赴任する列車が最後のチャンスと見た業者は、伊藤をつかまえようとその機会を狙っていたのである。そこで伊藤は、赴任の時期と列車の出発時刻を極秘にして、誰にも会わずに任地の新京に出発したほどだった。海軍では栄達を極めるにつれて民間の企業から甘い誘いが多くよせられた。だが、伊藤は甘言を全くよせつけず身を律することを貫いた。

その間、留守家族の一家五人は、伊藤の故郷である開村の祖父母の家に預けられることになった。そこで三年生の叡と一年生の純子は、夏休みに佐世保の白南風《しらはえ》小学校から伊藤の母校である開尋常小学校に転入して昭和八年十一月の父親の帰国まで一年三ヵ月通うことになる。

その頃、伊藤が、「満州事変記念」と称して小学校へ校旗を寄贈した記録が、『開村誌』(昭和十三年発行)に残っている。

校旗の贈呈は、かつて自分が通った母校へわが子たちがお世話になることへの、せめてものお礼の気持ちからであったのだろう。

伊藤の実家から小学校までは、叡と純子の足で四、五十分はかかった。同級生たちは着物姿で通ったが、都会っ子のふたりは洋服姿だった。いつもジロジロと睨まれて仲間外れにされ、子ども心にかえって肩身の狭い思いをさせられた。ふたりは雨の日には、地元の子どもたちと同じように蛇の目傘をさして泥水をはねながら、ぬかるむ道を裸足で学校へ通った。童謡の歌詞にもあるようにピッチピッチ、チャップチャップと音をたてながら歩いていくと、雨の日は楽しくて田舎の生活もまんざらでもなく

左端がちとせ、前列中央がユキ、後列左より三人目が整一、四人目繁治（伊藤文庫所蔵）

なってきた。

父親の満州転勤で田舎生活を最も楽しんだのは叡である。おそらくこの頃が少年時代の一番幸せな日々であったろう。

後年、国に殉じて二十一歳で死なねばならなかった叡にとって、父の田舎は少年時代の懐かしい思い出の地であった。

夏休みには用水路で小鮒を釣り、カニやドジョウを餌に、籠《かご》を仕掛けてウナギを捕まえるのに夢中になった。有明海の干潟に入っては、潮だまりを泥んこになって駆け回ると、驚いたハゼが飛び出てきた。イソギンチャクが汐を吐いて萎《しぼ》んだりと、見ることなすこと干潟の海は子どもにとって天国だった。

近くの甘木山《あまぎやま》は、昆虫の宝庫である。クヌギや樫の木を揺すればポタポタと音を立ててカブト虫やクワガタが面白いほど落ちてきた。近所の男の子たちと日が暮れるまでカブト虫やクワガタを喧嘩させ勝負を競い合った。

毎日、真っ黒になるほど遊びまわった。つい遊びすぎて宿題を忘れては母親に叱られた。夏休みの最後の日は、夜中までかかって宿題を仕上げねばならず、叱られた孫の横で祖父はおろおろと、団扇で蚊を追い払いながら夜更けまで付き合ってくれた。祖父の梅太郎にとっても祖母のユキにとっても、四人の孫に囲まれて暮らしたこの一年余りが人生の至福の時間であったろう。

梅太郎は、純子ら女の子たちのために、蔵の前のきんかんの木の下にタンバホオズキを植えた。やがてお盆が近づくと、赤く色づいた実を丹念にもんで爪楊枝で果肉を取り出してくれた。空洞の実を口元で鳴らすと独特の音色の楽器となった。梅太郎はホオズキの赤い実が、お盆には先祖の霊を導く提灯代わりに精霊棚に飾るものであることも教えてくれた。

そして、八月十五日の旧盆の夜には、梅太郎が作った麦わらの小舟にホオズキや果物などお供えをいっぱい積んで、有明海の潮に乗せて精霊流しを楽しんだ。ロウソクの灯りをともした小舟は、近所の子どもたちが放した舟とぶつかり合いながら先祖の霊をのせてゆらゆらと黄泉《よみ》の国へと旅立っていった。

子どもたちは遠ざかる精霊舟を、幻想的な気分に包まれて静かに見送った。

こうして開村での二夏《ふたなつ》は、子どもたちに祖父母との忘れがたい思い出を残して過ぎ去っていった。しかし、梅太郎もユキもそれから十年ほどで他界したのである。

昭和十六年（一九四一年）の四月、開村の伊藤家の前で撮られたユキを囲む一族の記念写真（一〇九頁）が残されている。伊藤が連合艦隊参謀長に就任した月である。その前年に梅太郎が八十歳で亡くなって、ユキは郷里を引き払って東京の長男、整一の家に同居することになった。整一とちとせがユキを迎えにきた。写真はその旅立ちの日のものである。伊藤はユキに似た顔立ちで性格も母親ゆずりだった。東京への帰路、伊藤夫妻は、ユキを伴ってはじめて親子三人みずいらずの京都旅行を楽しんで、母親へ親孝行を尽くした。

だが、ユキもその三年後、昭和十九年四月に東京で亡くなった。

このとき伊藤は、海軍省からの葬儀手伝いの申し出を、戦局多難の折から一切固辞している。公私の区別を厳しく律していたほんの一例に過ぎない。

時折、子どもたちは、満州の父親にあてて手紙を書いた。

伊藤からも近況を知らせる手紙とともにときどき小包が届いた。あるときブランデー入りのチョコレートボンボンが銀色の紙に包まれて山のように入っていたことがあった。伊藤にとっては、この西洋の高級菓子は、アメリカ生活の名残でもあったのであろう。しかし、子どもたちにとっては、折角のお菓子も酒の匂いがプンプンして、あまり口に合うものではなかった。近所の子どもたちにもお裾分けすると、初めて見るお菓子に目を丸くした。

いよいよ秋になって、満州から伊藤が帰国することになった。子どもたちにとってはそれは、再び何処かへ引っ越すことを意味し、折角、慣れ親しんだ友だちや祖父母との別れが待っていた。

伊藤の帰国の日、子どもたちはちとせに連れられて、飛行機が到着する西日本最大の陸軍の航空基地である太刀洗《たちあらい》飛行場まで出迎えることになった。後に陸軍特攻の沖縄への中継基地となる太刀洗飛行場へは、鹿児島本線の渡瀬駅から上り列車で久留米の先の基山《きやま》駅まで行かねばならない。そこからはローカルの甘木線に乗り換えて一時間半余りの旅程であった。

まだ朝早い列車の車窓には筑紫平野が広がっていた。稲刈りが終わった田んぼには、稲を天日に干す稲木、この地方でいうハゼカケに吊り下げられた黄金の穂波が見渡す限りに山裾まで連なって、実りの秋の一幅の絵画となっていた。

この日は、叡少年にとって、一年八ヵ月ぶりの父親との再会の喜びもさることながら、特別な意味を持つ心浮き立つ一日となったのである。

それは、翼に日の丸をつけた憧れの軍用飛行機を初めて目の当たりにすることができるからだった。

お昼近く、満州から伊藤の乗った飛行機が、朝鮮を経由して太刀洗飛行場に着陸した。プロペラの回転がとまると、純子や叡がこれまで見たこともない黒い外套に身を包んでタラップを降りて来る父が目に入った。

田舎生活で子どもたちはたくましく成長していた。伊藤は、久しぶりに会うわが子をかわるがわる頬ずりして大きな手で高々と抱き上げた。子どもたちにとっては、ニコニコと優しい父の感触は少しも変わっていなかった。だが、長女の純子にはどうしても父の黒い外套が気になった。

伊藤が寒い国から着てきた外套には、その襟元に日本では見慣れぬアストラカン（子羊の毛皮）がついていた。裏地にはテンの毛皮が張ってあって、その異様な姿が子どもたちを驚かせた。純子にとっては、この毛皮の外套は、仕立て直しをして戦後長らく寒い冬の日の欠かせない愛用品となった。戦死した父の太刀洗飛行場でのこのときの面影が忘れられなかったからである。

この日、開村への帰宅は、午後遅くになった。西の方には、真っ赤な秋の夕日が、有明海越しに多良岳（佐賀県）の頂上に傾きかけていた。

家族が乗った車が、小学校の前にさしかかったときのことである。校門の前に、校長をはじめ教師や全校児童たちが整列して待っていたのである。

一家は、突然の予期せぬ出来事に何事かと驚いた。伊藤の帰国を、小学校を挙げて歓迎してくれたのである。伊藤とちとせ夫人は、思わぬ出迎えに恐縮してしまった。ふたりはあわてて車を降りて校長たちに挨拶をした。この頃は、緊迫し拡大する満州事変の影響から「非常時」が流行語となっていた。そして小学校の教育現場では四月から国定教科書に「サイタ　サイタ　サクラガ　サイタ。ススメ　ススメ　ヘイタイススメ」の、俗にいうサクラ読本が採用されて軍事色が一段と濃くなっていた年であった。

校長には地元出身の軍人という気安さもあったのだろう、長旅の労をねぎらいながら満州事変とそれにつづく戦争の行方についていささか唐突な質問をした。それに対し伊藤は、校長の不安を和らげるようなことを言った。

「世の中は、目下非常時非常時と言ってにわかに騒いでいるようですが、私どもは平時即非常時の覚悟で怠ることなく万一のときに備えております。なぁーに校長先生、心配はいらんとですよ。戦争が拡大することはありまっせんですよ」

めったに軍事のことを口にしない伊藤にしては珍しく、故郷に帰って安堵したのか土地の言葉でリップサービスにつとめていた。

やがて伊藤は、車に乗り込んで挙手の敬礼をし、ちとせはひたすら頭を下げ、そして叡と純子は車の中で小さく身をちぢめて教師や児童たちの前を通り過ぎていった。家にたどりつくと、ここでも大勢の村人たちの帰国祝いの歓迎会が待っていた。軍国主義へ傾いていく時代の風潮の中で、海軍大佐といえども、その存在は村の誇りであり誉れとなっていた。伊藤には、そんな気持ちなど微塵もなく内心かえって迷惑なことであったろうが。

四　娘も羨む愛妻家

「父と母の仲睦まじさは、よく他人様からも聞かされましたが、私にはあれやこれや映画の一場面のように浮かんできます」

伊藤の愛妻家ぶりは、並大抵ではなかった。ふたりの姿が今でもセピア調の恋物語の映画の場面のようによみがえる、と三女の貞子は言う。父の出勤のときに姿が見えなくなるまで見送る母の姿、夫の妻に対する優しい眼差しといたわり、電話で父と話すときの母の甘えた声音……。

貞子が、三姉妹の中で顔かたちや性格も一番母親似と思われる。あけっぴろげな物言いで屈託がない。おそらく母親もこのような女性だったのだろう。

女としても母親としても満ち足りたとても幸せな人生ではなかったか、と貞子は母について思う。そして両親のことを理想の夫婦像として記憶に留めている。貞子に限らず夫としての父の素敵なところは、娘たち三人が結婚してそれぞれの夫や世間一般の男たちと比べてみてあらためて思うことでもある。

ちとせもまた夫に対しては献身的に良妻賢母ぶりを発揮した。

夫は無口ではあったが他人にはよく尽くす利他的な人物であり、懸命にうしろから支えていたのだった。伊藤は、よく慢性的な便秘に苦しんでいた。そんなときでも実家の医院で看護婦の手助けをした経験のあるちとせは、その処方を心得ていた。夫の肛門から便を上手に掻きだすことができたのである。夫が苦しむときには、便秘の手当てを苦もなくやり遂げていた。

長女の純子が、母が生涯に詠んだただひとつの歌としてノートに書きつけていた大切な一首がある。

ひたすらに安かれかしと祈るなり
　み戦《いくさ》ふねの八重の汐路を

昭和十一年（一九三六年）四月、重巡洋艦「愛宕《あたご》」（排水量一万三千トン）の艦長となった伊藤大佐は、秋の大演習のときに神戸から江田島まで天皇行幸のお供をすることになった。重巡「愛宕」が御召艦に選ばれたのである。

　このときちとせは、夫の任務の無事達成を祈って、この歌を詠んだ。

　日頃、短歌のたしなみなどないちとせだったが、このときは違った。神にも祈る気持ちが自ずと歌となって口ずさんでいたのだ。

　ちとせは、「愛宕」の航行の安全と無事を祈って自宅近くの厄除《やくよ》け開運の信仰がある大宮八幡宮にひそかに願をかけた。家から大宮八幡宮の南参道入口までは、歩いて数分の距離である。神社の入口の赤い鳥居をくぐると、拝殿まで石畳が三百メートルぐらいはあった。

　ちとせは、秋のまだ夜が明けきらぬ早朝、大願成就のために人目をさけて、裸足でお百度を踏んだ。お百度参りは人の目にふれないように、そして素足で参ればより霊験あらたかであるとの俗説を信じたからだ。ちとせは夫の大任の無事を祈りつつ、冷えきった石畳をそれこそ足の皮が擦りむけるまで歩きつづけてその帰りを待ったのである。

　内助の功あってか、御召艦の任務は、大過なく無事果たしえた。

　間もなく十二月には、伊藤は戦艦「榛名」（排水量三万二千トン）の艦長に任じられた。太平洋戦争中は、ミッドウェー海戦からレイテ沖海戦まで、敵の攻撃で多くの損傷を受けながら終戦直前まで残存する艦運が強かった戦艦である。

昭和十三年十二月に、海軍省人事局長のポストにつくまで艦隊勤務が長くつづいた伊藤に、この間、ちとせは三日にあげず手紙を出しつづけていた。夫からもそれに応える恋文のような返事が届いていた。純子にとって女学校の登校途中の一仕事が、母の手紙をポストに投函することだった。

あるとき、伊藤が艦《ふね》から上がって帰宅する日に、予定が狂って帰ってこない夜があった。ちとせは、一晩中一睡もせずに着物姿のまま夫の帰宅を待った。伊藤が、丸髷を結った妻の着物姿を好んだので、その夫の期待に応えようとしていたからである。

「朝起きたら家にいる間中、母を眺めていたいという父でしたから、あの夫婦をみていると母あっての父であり、父は母を気味の悪いぐらい大事にしていました」

と、三女の貞子は言う。

伊藤は、娘たちに対しても優しかった。

数え年の十六歳になれば招待を受ける御苑での観桜会や観菊会にも娘たちを同伴し、霞が関の軍令部総長の官邸で行われる晩餐会にも連れて行った。事前に家庭で、洋食のテーブルマナーを特訓したうえでである。

当日、官邸の玄関に車が到着すると「伊藤次長お嬢様の御着きーっ」という、執事の大きな声は、娘たちには心地よく響き華やいだ気分にさせたものだった。

二女の河野淑子とは、二〇一二年の桜の季節に、観光客でごった返す京都駅のホテルのラウンジで初めて会った。大阪に住む彼女とは、あらかじめ手紙と電話で待ち合わせの場所を決めておいた。

ホテルの高層階の曲がりくねった廊下を歩いて行くと、一組の老夫婦とすれ違った。何気なく女性のほうに目をやると、その人がこれからラウンジで会うことになっている人物であることが一目でわかった。その面影が写真で見る伊藤整一にそっくりだったからである。

伊藤家の三人の娘の中で、幼い頃から父親に一番甘えたのも淑子だった。伊藤は、淑子のことを日頃は「ひーちゃん」と呼んでいた。そのひーちゃんが父親の愛情の細やかさを語ってくれた。

淑子は幼い頃から扁桃腺炎に悩まされていた。小学校の低学年の頃、伊藤が聞きつけてきた治療法によって根本的な治療をすることになった。そのときは伊藤が淑子を病院に連れて行った。医者が扁桃腺に注射をすることになった。しかし、淑子は注射を怖がった。

すると伊藤は目の前で「お父さんもするから」と、医者に頼んで健康な自分の体に注射をしてもらったのである。

「わたくしも仕様がなくて喉に注射してもらったんです。父はどうもないのに注射してもらっているのが子どもにもわかりましたのでね。そこで痛くても自分は泣けなかったんです。父はほんとうに優しかったです」

淑子は、日頃から父親が娘たちに見せていた愛情の深さの一端をはにかみながらこう語ってくれた。

やがて帰宅すると伊藤は妻に向かってニコニコ顔で言った。

「ひーちゃんは強いよ。泣かなかったよ」

と、誉めてくれたのである。

ひーちゃんは自信を得て、それからは注射を怖がらないようになった。

第四章

山本五十六が信頼する軍令部次長

山本五十六から届いた書簡
（昭和16年８月）

一　連合艦隊司令長官からの密書

昭和十六年八月下旬、連合艦隊司令長官・山本五十六から伊藤整一の杉並の自宅に一通の手紙が届いた。おそらく初めて世に出る内容だろう。

伊藤は、この年八月一日付で軍令部出仕に任命された。だが、次長への着任が宙に浮いていた。前任の近藤信竹中将が転出延期となり、ふたりのあいだの人事交代が頓挫していたのである。そして問題がやっと解決して伊藤の九月一日の着任が決まった。近藤は、第二艦隊司令長官へと転出していった。

山本から伊藤への手紙は、伊藤が着任の決定を知らせたことへの返信だった。手紙は、伊藤夫人のちとせが手元に秘蔵していたものである。日付は八月二十二日となっている。

拝啓
貴翰有難く拝受仕り候

御着任怱々《そうそう》、近藤次長転出延期等不明朗なる上級人事を見過《みすご》に、不快に存じ居り候処、九月一日御交代の旨承知し安心仕り候。

九月一日にやっと伊藤が、人事発令通りに、軍令部次長に就任することに対する安堵の気持ちを山本は伝えている。

では、なぜ伊藤と前次長近藤との交代が遅れたのか。

この頃すでに、日米関係をめぐって、開戦強硬派による反乱の噂さえあった。とりわけ陸・海軍の中堅幕僚たちの一派にその動きが急であった。要人たちは身の危険さえ感じていた。開戦反対派の有力な人物とみなされた伊藤の軍令部次長就任には、陸軍の反発があって人事発令が遅れていたのである。

さらに山本の手紙には、時局に対するその認識と伊藤との関係がうかがえる一節がある。

何分複雑怪奇の情勢と政策の行法《ぎょうほう》と之が転換には、真に興亡を賭する重大機局と相成りては上司の御苦心も補佐諸官の研究も一通りの難事にはあらずと御察し申し上げ候へ共、何と申せかゝる際には大臣総長御両人にて而も各々輔弼輔翼《ほひつほよく》の全責任を充分に担当せるゝ丈けの御用意と御決心とが絶対必要と存居り候。

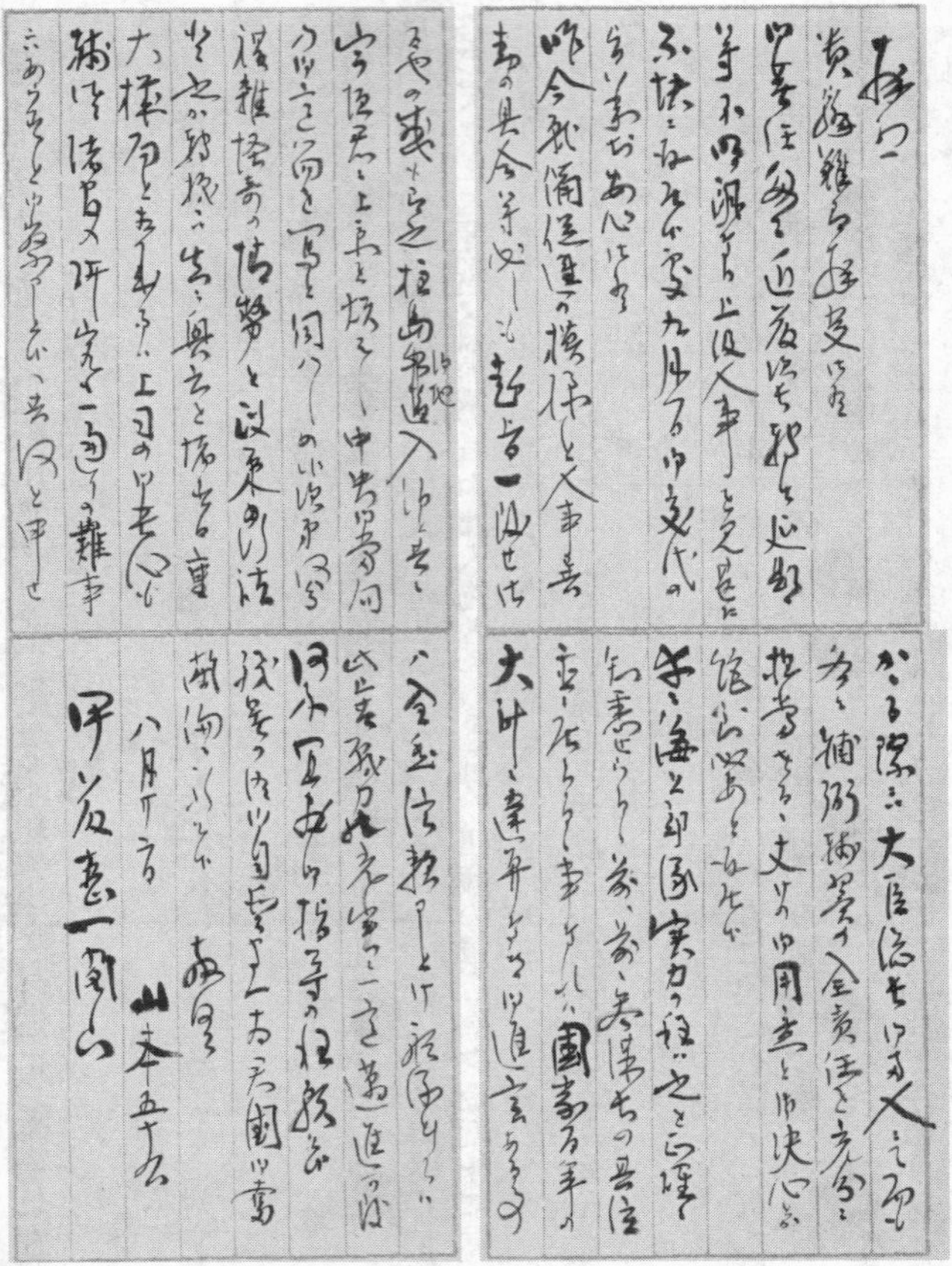

海軍上層部への不信を訴える山本五十六からの書簡全文

この手紙の中で山本は、時局は極めて重大、一国の存亡がかかった今、政策の転換には、責任ある伊藤の立場が並大抵のことではないと推察している。そのうえで及川海軍大臣と永野軍令部総長は、相当の覚悟と決心をもって天皇の政治を補佐すべきことが絶対に重要である、と暗に開戦へ向かいつつある時局への強い懸念をしめしたのである。

しかし、現状をみると重責を担うべきふたりが輔弼（天皇の政治をたすけること）の全責任を充分に果たしていない、そのことへの苛立ちと危惧の思いが文面から伝わってくる。

さらに連合艦隊参謀長などを歴任した伊藤への要望がつづく。

> 幸いに海上部隊実力の程は之を正確に知悉《ちしつ》せらるゝ前、前々参謀長の其位置に居らるゝ事なれば国家百年の大計に違算なき御進言ある事は全然信頼申し上げ（連合）艦隊としては此上共戦力の充実に一定邁進致すべく何分宜敷ご指導の程願い上げ候

直前まで連合艦隊の参謀長のポストにあった伊藤は、海軍の実力は十分に承知して

いることゆえ、国家百年の大計を過たぬように大臣、総長に進言してくれるものと信じている、との大きな期待を伝えたのだった。

伊藤は、海軍の中での知米派、あるいは日米開戦反対の逸材と目されていた。二年間の勤務と留学をとおしてアメリカの国情に深く通暁していたからである。

当時、アメリカ大使館付海軍武官として先に赴任していた山本五十六大佐とも半年間、勤務が重なった。伊藤はそれ以前にも大正十三年(一九二四年)から二年間、霞ヶ浦海軍航空隊副長の山本大佐に仕えている。

その後のふたりの関係を見てみると、昭和十三年海軍省人事局長として海軍次官の山本とは三度目の直属上司と部下の関係となった。さらに昭和十六年四月には山本連合艦隊司令長官のもとでの参謀長、四度目のコンビとなった。いずれの人事も山本が就任した後から伊藤も同じ部署を追っていることから、山本の引きがあったのは確かなことだろう。

山本五十六と伊藤整一は、知米派として互いに気脈を通じ合い、信頼と期待をよせる間柄になっていたのである。

その伊藤の悲劇と苦悩は、昭和十六年十二月八日、海軍の作戦計画と統帥の要となる軍令部次長として、太平洋戦争開戦の陣頭にたたねばならなかったことである。軍令部次長は、総長を補佐して各部を監督し、戦争指導、作戦計画、戦時編制、軍備計画、情報、通信、国防所用兵力の準備など、第一部から第四部まである戦争遂行の全ての責任を担っていた。

軍令部は、東京市麴町区（現・千代田区）霞が関、桜田通りに面した海軍省の三階にあった。建物は、明治時代に東京帝大教授として招かれたイギリス人建築家、ジョサイア・コンドルの設計によって建てられた。赤煉瓦造りで正面玄関を入ると三階まで吹き抜けになっており、大理石の階段が、威風、あたりを払っていた。中庭には高さ五十メートルの電信鉄塔がそびえていた。ここは現在、農林水産省の敷地となっている。

伊藤は、皮肉な運命によってここで三年四ヵ月の長きにわたり、日本海軍の戦争指導と作戦に深く関与することになったのである。そのうえ伊藤は、連合艦隊参謀長、少将からの異例の抜擢だった。次長は通常は中将が就任するポストだったし、伊藤はそれまで軍令部に籍をおいたことがなかったのである。

海軍では軍令部の要職に配置する人材は、参謀や作戦課長、作戦部長など軍令部の経歴を必要とするのが慣例であった。人事の前例が破られたのである。

時の軍令部総長、永野修身は昭和十六年四月、総長に就任したが、それを引き受けるにあたって、「次長は伊藤でなければ自分は受けぬ」と言ったという話が、伊藤本人から夫人のちとせに伝わっている。伊藤は、家では全くといってよいほど仕事の話は喋らぬ人物であったが、次長人事は本人もよほど意外だったのだろう。この話、後日、夫人が娘たちに漏らしている。

永野は大正九年（一九二〇年）から二年余り、山本五十六の二代前のアメリカ駐在武官をつとめて知米派のひとりと目されていた。また、広島県江田島の海軍兵学校の校長のときに、同じく教官兼生徒隊監事として生徒たちの訓育に愛情と厳しい眼差しを注ぐ伊藤の姿を見ていた。そのとき早くも伊藤の人物と識見を見抜いていたのであろう。伊藤の的確な状況把握とバランスのとれた判断力には定評があった。若いときから人間性に裏表がなく常に正々堂々として正論を吐き自己の保身とは無縁の人物であった。

伊藤の次長人事は、その手堅さと力量を見込んだ永野の意向とこれに応じた山本五十六という、海軍の知米派とされるふたりの阿吽《あうん》の呼吸の所産であったと見てよい。永野と山本は、かつて海軍大臣と次官という間柄でもあった。軍令部次長の人事の最高責任者は、海軍大臣であるが、及川海相も一枚嚙んでいたのは言うまでもない。

ところが、人事発令前の六月頃より、これまで知米派と目されて穏健な議論をしていた永野が、急に日米開戦強硬論に傾いていった。それは陸軍や海軍の中堅幕僚からの圧迫が強くなり、それに押されたような永野の強硬論は、心の平衡を失ったことから来ているのではないか、と不安視する意見が米内《よない》光政や岡田啓介など海軍長老たちの間からもちあがっていた。また近衛文麿首相も、永野の更迭論をひとに漏らすようになった。

さらに危惧されたのは、及川海軍大臣であった。永野よりも先に必要なのは海相の更迭であるとする意見も出はじめた。

及川は、こと海軍に関する事項でも閣議で黙して語らず、水を向けられても意見ものべないことがしばしばだった。及川さえしっかりと戦争回避への所信をのべれば、永野が大本営および政府の連絡会議で強硬論を発してもまだ抑えられるという期待があった。だが、山本の思いをよそに、及川はその責任を果たしておらず、山本の不満は不甲斐ない海軍トップへ向けられていたのである（『太平洋戦争への道7』）。

そこで山本は、慎重かつ果断、識見と力量を見込む気脈を通じた手堅い伊藤に強い期待をかけていた。

一方で山本は、日米衝突が避けられない最悪の場合についても準備を怠らなかった。

それでも参戦という時は真に已むを得ざる場合と諦らめ敢然起つの外なかるべく

候

（「旧海軍記録文書、古賀峯一《みねいち》宛山本五十六書簡、昭和十六年一月二十三日付」）

という認識を、すでにその年一月に、山本についで連合艦隊司令長官となる古賀へ漏らしていた。

また、真珠湾奇襲攻撃の最初の作戦計画案は、開戦八ヵ月前の四月十日、軍令部に非公式に伝えられている。連合艦隊参謀長から軍令部第一部長（作戦）の福留繁へあてたものだった。伊藤がその参謀長に就任した日である。当然伊藤も山本の下でかれの強い決意と極秘の攻撃計画の全容を知悉する立場にあった。

さらに――。

四月十日は、海軍にとっては重要な節目の日となった。前年の十一月からひそかに進めてきた対米開戦に備えての戦備増強の出帥（動員）準備が完整した日だったからだ。後に真珠湾に出撃する「赤城」を旗艦とする空母部隊の第一航空艦隊もこのときに編制されている。

国民の知らぬところで戦争への気運はひそかに高まりつつあったのである。

九月一日、伊藤整一が軍令部次長に就任したときには、すでに対米戦争への大方針の流れは後戻りできない分水嶺を越えていた。山本としては、伊藤は軍令部での対米不戦の最後の切り札だった。

そしてこの時期、もうひとつ、軍令部でひそかに進行していたことがある。九月六日の御前会議に持ち出される予定の「帝国国策遂行要領」の原案の作成だった。十月下旬を目途に戦争準備と対米交渉とを同時に進行させ、十月中旬に至っても交渉が妥結しない場合には、対米実力を発動する、という日本の運命を決めた重要国策である。これは、永野軍令部総長や近藤信竹次長、福留繁作戦部長のラインで決定されたとされ、すでに八月十六日に陸軍側に原案の提示がなされていたのである（『太平洋戦争への道7』）。

このように海軍部内では、万一に備えて開戦準備に向かって軍備が着々と進むとともに、一方で対米交渉の成り行きを、息をひそめて見守っていたのだった。開戦に急傾斜してゆく永野と最終段階まで対米不戦にかける山本とのあいだに立って、軍令部の新次長としての伊藤の職責の重さと困難は、自ずと明らかであった。

十月十六日、第三次近衛内閣が総辞職した。成立以来三ヵ月の短命内閣だった。九月六日の御前会議で決定された対米交渉のデッドラインである十月中旬までの妥結は、困難となったのである。アメリカが突きつけた中国からの完全撤兵と三国同盟の死文化、南部仏印からの撤退などの強硬な要求に、東条英機陸相をはじめとする陸軍側が強く反対したからだった。

内政と外交の板挟みとなった近衛は、政権を放り出したのである。

この日は、海軍でも及川海相の辞職の意向を受けて後釜の人選をめぐり、沢本頼雄《よりお》海軍次官や伊藤軍令部次長、中原義正人事局長ら省部の最高首脳の五名による意見交換が行われた。

十七日、誰を次の首相に奏請するか、首相候補選定のための「重臣会議」が急ぎ召集された。

天皇に首相候補者を奏上して裁可を願わねばならないのである。日本の政界や言論界では、首相の経歴を持った者、または天皇から総理大臣前歴者と同じ待遇を許された者が「重臣」とよばれていた。つまり内閣が総辞職して次の内閣をつくらなければならないときに、天皇から意見を求められることを主な役割としておかれた一団の人たちのことを「重臣」とよんだ。

宮中での「重臣会議」は、三時間におよぶ議論の末、大方の予想を裏切って意外にも対米強硬派の急先鋒、東条陸軍大臣を次期内閣の首相に選んだのである。「重臣会議」の進行役をつかさどった木戸幸一内大臣が、あらかじめ陸軍の要路に根回しをしていたシナリオにそって、結論は東条奏請の方向へと誘導されていった。

後継内閣の組織をだれにご命じになるかは、なかなか困難な問題である。自分は結論からいえば、東条陸軍大臣にご下命になるのがよいと思う。

（『海軍大将米内光政覚書』）

木戸の機先を制したこの一言で議論の流れが一挙に決まってしまった。

去る九月六日の御前会議での「帝国国策遂行要領」の決定が、陸海軍ともに面子にとらわれてその手足を縛っていた。そうであるならば、国策決定までの事情を知悉し、実現の難しさを身をもって痛感している東条に、逆に組閣を命じてこれまでの決定を白紙に戻してもう一度再検討をさせたらどうか、というのが木戸の意見だった。いわゆる「白紙還元の御諚《ごじよう》」といわれる木戸の提案は、その後の歴史にとって、大きな意味を持つ発言となった。

木戸の意向をふまえた原嘉道枢密院議長が、議案を総括した。

内大臣の案は、あまり満足ともいえないが、べつだん案がないから、まずその案でいくほかあるまい。

（同前）

重臣会議はいとも簡単に東条陸相に国家の運命を委ねる決定を下したのである。軍令部でいちはやく東条首相誕生の一報を受けた伊藤は深い憂慮につつまれた。当時、海軍省詰記者会「黒潮会」のメンバーだった朝日新聞記者・杉本健の『海軍の昭和史』によれば、開戦慎重派の伊藤次長と沢本海軍次官には、近衛首相が総辞職するにあたって天皇に奉呈した辞表の内容の一部が、はやくも耳にはいっていたからだった。

東條陸軍大臣は対米交渉は、その所望時期までに到底成立の望みなきと判断し、(中略)今や対米開戦を用意すべき時期に到達せりとなすに至れり……臣〔近衛自身のこと〕は衷情を披瀝《ひれき》して東條陸軍大臣を説得すべく努力したり。これに対し陸軍大臣は(中略)時期を失せずこの際開戦に同意すべきことを主張してやまず、懇談四度に及びたるも遂に同意せしむるに至らず(以下略)

外交交渉の継続を望む伊藤は、日米開戦を主張する東条内閣の誕生によってアメリカとの話し合いの断絶を恐れたのだった。

このときの重臣会議において木戸は、歴史の流れを大きく読み間違った。アメリカとの戦争は、太平洋を戦場とする海軍の戦争だった。歴史にもしもは禁物だが、このとき首相に開戦反対派の海軍の米内光政など、先見性をもった人物が選ばれていたら戦争は避けられ、歴史の流れは違った方向に向かったかもしれないのだが……。一国の政治において重要なのは人であり、リーダーの適否が国の運命を左右するのである。

ちなみに戦後、昭和二十年十一月、米国戦略爆撃調査団のA・オフスティ海軍少将の質問に答えて、米内光政はこう証言している。

私は確信していますが、かりに当時、私が首相だったとしたら、われわれはこの戦争をはじめなかったでしょう。

（『海軍大将米内光政覚書』）

その後、東条内閣の下で十月二十四日から三十日まで七日間にわたって開かれた国策再検討の大本営政府連絡会議でも、九月六日の第一次の「帝国国策遂行要領」の方針が覆されることはなかった。

十月三十日、東条内閣の新しい海軍大臣となった嶋田繁太郎は、海軍省首脳との会談で将来の展望も自信もないまま、開戦への自身の決意を披露した。

会議の席にいた保科善四郎兵備局長の後日談がある。嶋田が決意の理由としてあげたのは、この段階で海軍が反対したとなると国内に内乱が起こる恐れすら十分ある。そうすれば元も子もなくなってしまう……陸海軍反目という最悪の事態を避けるために、やむをえず同調せざるをえなかった。（『別冊歴史読本　太平洋戦争総決算』）

ということである。嶋田は国家的大局観よりも極めて内向きの理由をのべている。大事なときに大事なひとをいかに欠いていたか、である。

十一月四日の軍事参議院会議でも永野軍令部総長の次のような発言がある。

日本海軍としては開戦後二ヵ年間は必勝の確信があるが、各種不明の原因を含む将来の長期にわたる戦局については予見し得ない。

対米戦争でわれの最も苦痛とするところは敵の本拠を衝《つ》き得ないことである。

（『戦史叢書10』）

二年後は石油が不足し、米国の戦備と航空兵力の充実による戦力較差が生じる前に開戦を決意することを理由のひとつにあげた。ここでも二年後の戦局の見通しもつけられない中での、無責任な開戦決意がのべられたのである。

そして十一月五日の午前十時半から午後三時過ぎまで宮中で開かれた御前会議で、

「対米英蘭との戦争を決意」することが決定された。この第二次の「帝国国策遂行要領」は天皇の裁可を得て、あとは残る一ヵ月余、一瀉千里に開戦への道を突き進んで行ったのである。

その意味で、十月十七日の重臣会議は、日本の運命にとって歴史の大きなターニングポイントとなった。

翌十八日に発足した新内閣での東条首相は、国務と統帥の融合をはかって陸軍大臣と内務大臣を兼ねることになった。現役の陸軍軍人が三つの枢要ポストを一手に占めるという「軍人内閣」の誕生となった。

当時の新聞の見出しは「電撃組閣完了」と期待をこめた論調で新内閣の誕生を伝えている。

海外の新聞各紙も、日本の政変をこれまでにないほどの見出しで大々的に報道した。戦争か和平か、東条内閣の成立は世界の焦点となっていた。

二　伊藤、歴史の表舞台へ登場

十月十九日、軍令部では開戦に向けてひそかな動きがはじまっていた。伊藤が軍令部次長として国家の前途を委ねられる運命的な舞台に登場するのはこのときからであった。

次長職というのは、総長の陰に隠れて表向きは目立たない存在だが、海軍の黒衣《くろご》として実質的な影響力を発揮してゆく。

この日、連合艦隊先任（首席）参謀の黒島亀人《くろしまかめと》大佐が上京、霞が関の軍令部を訪問した。軍令部がおかれた海軍省の建物に隣り合う日比谷公園の樹木は、早くも黄色に染まり秋も深まっていた。

黒島参謀の上京の目的は、真珠湾攻撃に対する山本司令長官の固い決意を伝えるためだった。奇才で知られた黒島は、山本に抜擢されたその片腕だった。

山本は、かねてから国家総力戦における日米の資源や経済力、工業力などの決定的な差、および航空兵力の絶対的な質と数の較差を指摘して、対米戦争を軽々に大言壮語することを厳しく戒めてきた。この考えは伊藤とも共通していた。しかし、開戦が避けられないとなれば、真珠湾奇襲攻撃が、東条内閣の海相となった嶋田繁太郎あての昭和十六年十月二十四日付の手紙で「桶狭間《おけはざま》と鵯越《ひよどりごえ》と川中島とを合わせ行ふの已《やむ》を得ざる羽目に追込まるる次第に御座候」と切々と訴えたように、いかに運を天にまかせた乾坤一擲《けんこんいってき》の戦となるかは、自身が最もよく熟知していた。

どうしても大勢に押されて戦争というのであれば、と山本はその覚悟を黒島に代弁させたのである。この日の軍令部でのやりとりを『戦史叢書10』を参考にして再現してみよう。

「対米作戦を行うには真珠湾の強襲をやらねばならぬ。これがやれぬなら対米作戦は行えない、というのが長官の決意である」

黒島は、福留繁作戦部長と富岡定俊作戦課長を前に、語気鋭く山本の強い決意を伝えた。さらに黒島はこのとき、これまで軍令部に提起していた真珠湾攻撃の作戦計画案での使用空母を四隻から新たに二隻追加、連合艦隊の実働可能な航空母艦全六隻の使用も要求したのである。第一航空艦隊の空母「赤城」以下、「加賀」「飛龍」「蒼龍」、さらに九月に就役したばかりの第五航空戦隊の「瑞鶴」そして「翔鶴」である。

軍令部としては後の二隻をとられれば、主要な南方作戦の航空兵力に大きな不安が生じる恐れがあった。いかに山本の要望とはいえこれはとてものめない相談だった。会談はいよいよ決裂しかかるかに見えた。だが、これで引き下がるような黒島ではなかった。

黒島は、すさまじい剣幕で床を蹴って作戦部長室を飛び出した。そして隣の軍令部次長室に駆け込んだのである。幸いに伊藤は在室していた。黒島のただならぬ様子に伊藤は、出来事のおおよそを察知した。

ここでも黒島は山本五十六の強い信念を訴えた。

「先ず開戦の劈頭《へきとう》で敵の主力を屠《ほふ》って、彼我の勢力のバランスを破り、十分なるハンディキャップをつけるより以外に作戦のほどこしようがない、という山本長官の固い決意である」

伊藤は、黒島の話に真剣に耳を傾けた。当然、山本の決意は、自らも直接に聞き知っていた。山本が発案した真珠湾攻撃案を第十一航空艦隊参謀長の大西滝治郎、つづく第一航空戦隊参謀の源田実中佐に鋭意検討立案させてきた経緯も熟知していた。そして最後は、黒島亀人が真珠湾攻撃の連合艦隊戦策を仕上げたのである。

「しかも山本長官は、南方作戦中に東方から米艦隊に本土空襲をやられた場合のことも懸念しておられます。南方資源が手に入っても東京や大阪が空襲にあったらどうなるか、そのためにも自分が連合艦隊司令長官である限り、ハワイ攻撃は断行する、というのがその決意であり覚悟であります」

山本は進退をかけている、その不退転の決意は、伊藤には強く認識できた。その山本が、自己の信念を実現すべく伊藤を次長ポストに送り込んだこともわかりすぎるほどにわかっていたからだ。

伊藤の温厚な顔が苦渋にゆがんだ。しばらくの間、沈思黙考がつづいた。

〈作戦部長と課長という作戦の主務者が否定したことを自分が覆したらどうなるか。部下の一時の信頼は失われ組織の混乱は免れえないだろう。だが国運を賭けるために

はどちらを選択すべきか〉

　山本との板挟みになってその判断に苦しんだ。

　伊藤は物事を決するとき、上から強権的かつ頭ごなしにモノを言うタイプではない。じっくりと人の意見を聞き、明晰な頭脳の回路がつながると決断は素早かった。

　意を決すると黒島にしばらく待つように命じて、足早に総長室に向かった。

　伊藤が席を空けた次長室の窓からは、傾きかけた秋の日が柔らかく数条の光を投げかけていた。海軍省の前を走っている市電の車輪と鉄路が摩擦する金属音が鋭く聞こえてきてやがて遠ざかっていった。部屋にはふたたび静寂が戻った。

　永野と伊藤の会談の時間は短かった。黒島にとって全く意外だったのは、間もなく巨軀肥満の永野軍令部総長が直々に次長室に入ってきたことである。

　黒島は、反射的に背筋を伸ばして椅子から立ちあがった。後ろに永野にひけをとらない堂々たる体軀の伊藤が従ってきた。永野は開口一番、こう言ったのである。

「山本長官がそれほどまでに自信があるというのならば、総長として責任をもって御希望どおり実行するようにいたします」

　その野太い声は、黒島に対して丁寧な言葉づかいだった。それは山本に対して畏敬の念を抱いている現れだった。

総長室での伊藤は、永野に情理を尽くして山本の不退転の決意を説明したのである。聞き終えると永野は、山本連合艦隊司令長官の運命を賭した要求を全て了承した。そこには自らがポストにつけた伊藤に対する全幅の信頼があった。

そのおよそ一ヵ月半後、全世界に衝撃を与えることになる大作戦の決裁は、意外にあっさりと決着したのである。

この年四月、軍令部に作戦計画が内々にもたらされてから、難航に難航をきわめた真珠湾攻撃作戦も、伊藤軍令部次長の就任によって、山本五十六司令長官の希望通り軍令部の作戦計画に採用されることになった。

開戦へ向けて、歴史の歯車がまた一つ大きく回った。

三　リベラリスト・坂野常善

「あんなに苦脳する父の姿をみたことはそれまでありませんでした。暗かったです。母も事情はわかりませんから、結婚以来、あのようなお父様ははじめてだったとよく申していました」

長女の純子は、開戦前夜のことをよく覚えている。

太平洋戦争の開戦日が迫った昭和十六年の十一月、伊藤は連日、霞が関の軍令部次長官邸に泊まり込むことが多くなった。

そのうえ伊藤は、連合艦隊の真珠湾出撃の壮途を祝うため、佐伯《さいき》湾（大分県）の空母「赤城」の出陣式に出かけるなど多忙であった。

この頃の次長官邸は、日比谷公園の西北角にあった。貴族院議長の官邸を海軍が借り上げて軍令部総長の官邸とし、その敷地の中に次長官邸と作戦課員の宿舎が増設された。会議や業務が深夜におよぶときには、軍令部員はそこに泊まり込んだ。さらに戦争が激しくなってからは、地下防空壕が築かれて全員がそこで寝食を共にする生活を余儀なくされた。

この間伊藤は、どんなに遅くなっても妻のちとせには毎夜必ず電話をかけて寄越し、翌朝もまた同じだった。

そんな多忙を極める晩秋のある日、予備役海軍中将の坂野常善《つねよし》夫人の藤枝が、杉並の伊藤の自宅を突然に訪ねてきたのである。

留守の伊藤にかわって応対したのは、ちとせと純子である。

坂野常善は、伊藤整一が昭和二年（一九二七年）にアメリカ駐在を命じられたときの直属上司である。伊藤はアメリカ駐在海軍武官の坂野に二年間仕えて大いに薫陶を受けていた。

坂野夫人は、夫から託された一通の書状を持参してきた。

夫人もアメリカで単身赴任中の伊藤を時折自宅に招いて、食事や日常の細々とした世話をしてくれたひとだった。

夫人は、表玄関から入ったすぐ前方にある応接間に通された。伊藤家の応接間は、東に面して四つの開き窓があり、その先に伊藤が植えた桜の木が枝を張りつつあった。部屋の両扉を開いたすぐ右側に娘たちのピアノが置かれ、部屋の南側にはしゃれた暖炉がみえた。

ちとせは、坂野夫人を部屋に通すと、アメリカ以来これまで夫が世話になってきた礼をのべ、日頃の夫の無沙汰を丁重に詫びた。

夫人は、袱紗《ふくさ》に包んだ坂野からの書状をおもむろに差し出した。

その内容は、他人の目には絶対にふれてはならないほどに重要な意味をもっていた。

「どうぞご主人さまにこれを読んでいただくように、坂野がくれぐれもよろしくと申しておりました」

坂野常善は山梨勝之進や堀悌吉《ていきち》、米内光政など、海軍のリベラル派、「条約派」のひとりに名があげられる逸材だった。だが、アメリカからの帰国後、昭和九年六月、海軍のスポークスマンである軍事普及部委員長になったばかりの頃、斎藤実内閣の後継についての記者の質問に答えた発言が、やや歪められて報道された結果、陸軍や加藤寛治《ひろはる》など海軍のいわゆる「艦隊派」を刺激した。そこで海軍の一派は、これを好機ととらえ、いわゆる「坂野失言問題」としてその責任を問うて更迭した。

さらに六ヵ月後には、台湾の馬公要港部の司令官に内定していた人事が取り消されて、海軍中将に格上げされたものの、突然、山本五十六の盟友の堀悌吉や山梨勝之進、谷口尚真《なおみ》らとともにことごとく「条約派」は予備役に編入されたのである。

背景には、一九三〇年（昭和五年）のロンドン海軍軍縮条約以来の激化しつつあった海軍部内の軍閥の対立があった。いわゆる軍縮を不満とする強硬意見の「艦隊派」が、それをやむをえずとして賛成の側に立つ「条約派」の坂野の失脚を図ったのである。新聞記者を使って仕組んだ坂野追い落としの謀略であったとされているが、真相は定かではない。

元老の西園寺公望の秘書、原田熊雄が『西園寺公と政局』で唐突な人事に疑問を呈するほどであった。

〔坂野の解職は〕極めて異様な感じを世人に与えて、海軍の統帥を頗《すこぶ》る疑はせるに至つた。

このとき、坂野の更迭人事に事務方としてかかわったのが、当時海軍省人事課長の伊藤整一だった。伊藤にとっては恩義のある坂野の失脚は、他人事ではなかった。人事課長として何とか更迭を阻止しようと動いた。

伊藤は海軍大臣の大角岑生《おおすみみねお》にかけあって諫言した。それが功を奏したのか、坂野中将はすぐには退役にはならなかった。しかし、一介の課長の力は、「艦隊派」の意向に傾いた大角海相が、「条約派」の坂野を予備役に編入しようとする意志の前には限界があった。坂野も直後に大角の私邸をたずねて、真相の釈明につとめたが受け入れられなかった。

伊藤はかつての上司の危機を救えなかったことに強い慚愧《ざんき》の念を抱いていた。坂野を放逐する場に立ち会って以来、内心忸怩たるものがあったのである。

坂野は、日本の敗色が濃くなった昭和二十年の春、「大東亜戦争ノ教訓」と題する毛筆、五十七枚の手記を和紙にしたため、ひそかに筐底《きょうてい》深くしまっていた。後世のために太平洋戦争へ至る歴史の失敗を語り残そうとしたのである。自らの体験にもとづいて明晰な頭脳で昭和の歴史を分析し、坂野ならではの洞察力と現状認識により時代に警鐘を鳴らす優れた一文を遺している。これは戦後四十年間坂野家で秘蔵され、子息の坂野常和（平成二十三年逝去、九十一歳）によって公表された。

まだ日本の敗戦を口にすることさえ憚られた時期に、坂野は悲憤慷慨しながら日本の敗因を列挙し、戦争に敗れた後の新日本建設への提言をしてその文章を結んでいる。

このリベラリストの坂野常善は、「大東亜戦争ノ教訓」の中で、伊藤に届けた書翰のことにも触れ、その内容を記録に残していた。

貴下の御着任当時には既に海軍の大方針決定し居り彼是《かれこれ》変革を許さざる情勢にあるかとも愚考せらるるが日米戦争は申す迄も無、之国家興亡の分るる曠古《こうこ》〔前例のない〕の一大事にして喩《たと》え東洋に来攻する米艦隊を撃滅し得たりと仮定するも米国に対し致命的打撃を与へたりとは思考し難く結局米国に対し最後の止めを刺す為め如何なる成算あり哉との疑問を禁じ能はず。何卒為邦家深謀熟慮萬《ばん》違算なき様懇願《こんがん》す　〔原文カタカナ〕

誰よりもアメリカ通の人物からの、今まさに成算なき戦いに突入しつつある愚かしさを厳しく諫める直言だった。

これを読んだ伊藤にとっては、先輩からのこれ以上の肺腑を衝く痛言はなかったはずである。坂野は書翰についてさらに自分の思いをつづっている。

> 伊藤軍令部次長はさきに吾輩在米武官当時の先任駐在員たりし関係上親懇の間柄にあり、米国々情にも通暁せる逸材であったが右の書翰に対しては終《〔つい〕》に回答を得なかったが彼の心中は推察することが出来る。

伊藤は、旧恩ある上司の坂野に対して返事を出さなかった。いや、出せなかった。だが、坂野は、伊藤の胸中は推察できるという。思いが共通していることへの恩情を示した。

坂野は、それでも伊藤であればと、かれが最後の踏ん張りをみせてくれるものと一《いち》縷《る》の望みを託してこの手紙を書いたのである。

しかし、伊藤はその期待に応えなかった。ひとりの力を以てしては、すでに時勢の奔流に抗《あらが》えなかったというのが、伊藤の肩をもつ理解の仕方かもしれない。

坂野は、このとき開戦決定にかかわった人物たちをこう批判している。

> 海軍主脳者は開戦当時一人として成算の自信を有する者は無かったろうと断言する。然るに下僚の誤算ある献策や外部の重圧に耐へ得ずして良心の呵責を勇敢にも考慮せず盲目的に大勢に順応したのはまことに痛憤に堪へない。

坂野の海軍首脳部に対する見通しはズバリと当たっていた。伊藤軍令部次長さえも批判の例外ではなかったのだ。伊藤へも盲目的に大勢に順応した臆病なひとりとみなして鋭い指弾の矛先を向けていたことは間違いないだろう。そこに坂野を知る伊藤の深い苦悩と沈黙した意味があった。

伊藤は、坂野の手紙を手にしたとき、開戦への流れを如何にしても阻止できぬ己の無力に呻吟した。自分の勇気と気概のなさに心の中で深く詫びたはずである。

伊藤は、その後、昭和十九年十二月の暮れ、「大和」へ出立《しゅったつ》の前日、自宅に保管したほとんどの重要書類を焼却して出て行った。坂野の手紙もその中に混じっていたものと思われる。

さて、坂野夫人は、用向きを済ませると伊藤家を退出した。ちとせと純子のふたりが丁重に門の外まで見送った。

「あのときのことは、私は今でもはっきり覚えています」

と、純子は言う。門の周辺には伊藤が植えた桜が、紅色に色づいた落ち葉を散らして、それが木枯らしに舞っていた。

日米開戦は目前に迫っていた。だが、伊藤がその気配さえ悟らせなかった家族にとっては、その苦しみの背後にあるものを知る由もなかった。

アメリカが、ハル国務長官から日本全権野村吉三郎《きちさぶろう》大使に対日最後通告となる文書を手交したのはそれから間もなく、十一月二十六日のことであった。当時の新聞は、一面トップの見出しで「日米会談最高潮に達す」と伝えている。

四　「國を負ひてい向ふきはみ」

伊藤の軍令部次長在任中、その次長室の壁には、山本五十六連合艦隊司令長官から贈られた達筆の書が掲げてあった。そこには山本のこの戦にかける決意のほどが示されていた。開戦の秋、伊勢神宮参拝の後に詠んだものだという。

千万〔ちよろず〕の戦さなりとも言挙げせず
　取りて来ぬべく思い定めたり

相手がたとえ千万の兵であろうと、とやかくいわず討ち取ってくるぞとの覚悟を詠んだ歌である。本歌は万葉の歌人、高橋虫麻呂《むしまろ》の一首とされている。虫麻呂は、万葉の時代に新羅との戦いに備えて軍備を固めるために九州に赴いた武人だった。山本はいつも万葉集を携行していた。新しい注釈書がでればすぐにとりよせるほどに熱心であった。その短歌の師は、万葉集の研究で知られた佐佐木信綱の門下で海軍主計中将、海軍省経理局長で歌人の武井大助だった。東京高商（一橋大学の前身）出身の主計畑である武井は、大正八年（一九一九年）、山本と同じ一時期をアメリカのコロンビア大学に留学した。以来、ハーバード大学で学んでいた山本とも親しくなり、その盟友の米内光政ともよい関係にあった。

ところで伊藤家にはもう一枚、軍令部次長室の書とは別に、絹張りの大きな色紙に書いた山本の書が秘蔵されてきた。夫人のちとせが、夫の死後、その形見として庭の防空壕に避難させて杉並の空襲からも辛うじて守ってきたものである。

色紙の裏には、伊藤の毛筆による直筆で、山本が書をしたためたときの事情を記している。

大東亜戦争開戦直前、昭和十六年十二月三日
御召により山本連合艦隊司令長官は密に上京、出征前の拝謁を賜はる同日、海軍大臣邸において、晩餐後、所懐を揮毫して、軍令部次長に賜はりたるものなり
整一　誌

それから七十年を超えても、いまなお、山本五十六の墨痕は鮮やかである。

國を負ひてい向ふきはみ
千萬《ちよろず》の軍《いくさ》なりとも言挙《ことあげ》はせじ

「い向ふ」の「い」は接頭語で、「向かう」という動詞の語勢を強めるためのもの。意味するところは軍令部の次長室に掲げた書よりもさらに強く、国家の重責に任じる山本の気迫と、指揮官としての鉄心石腸の決意がこの歌にはこめられていた。

昭和十六年十二月一日、午後二時から開かれた御前会議は、米英蘭への武力発動について最終的な決断を下した。国家の命運をかけた戦争へ踏み切ったのである。

それを受けて伊藤軍令部次長は、午後五時、連合艦隊司令部へあらかじめ送付していた密封書の開封を命じる親展電報を発した。天皇の命令を奉じた永野軍令部総長からの開戦の決定と作戦命令の詳細を伝えるものであった。

この日、山本は天皇の御召によって、瀬戸内海の柱島泊地の旗艦「長門」から岩国発午後四時の列車で急ぎ上京した。三日、午前に宮中に参内して天皇に拝謁、勅語を賜《たまわ》るためである。

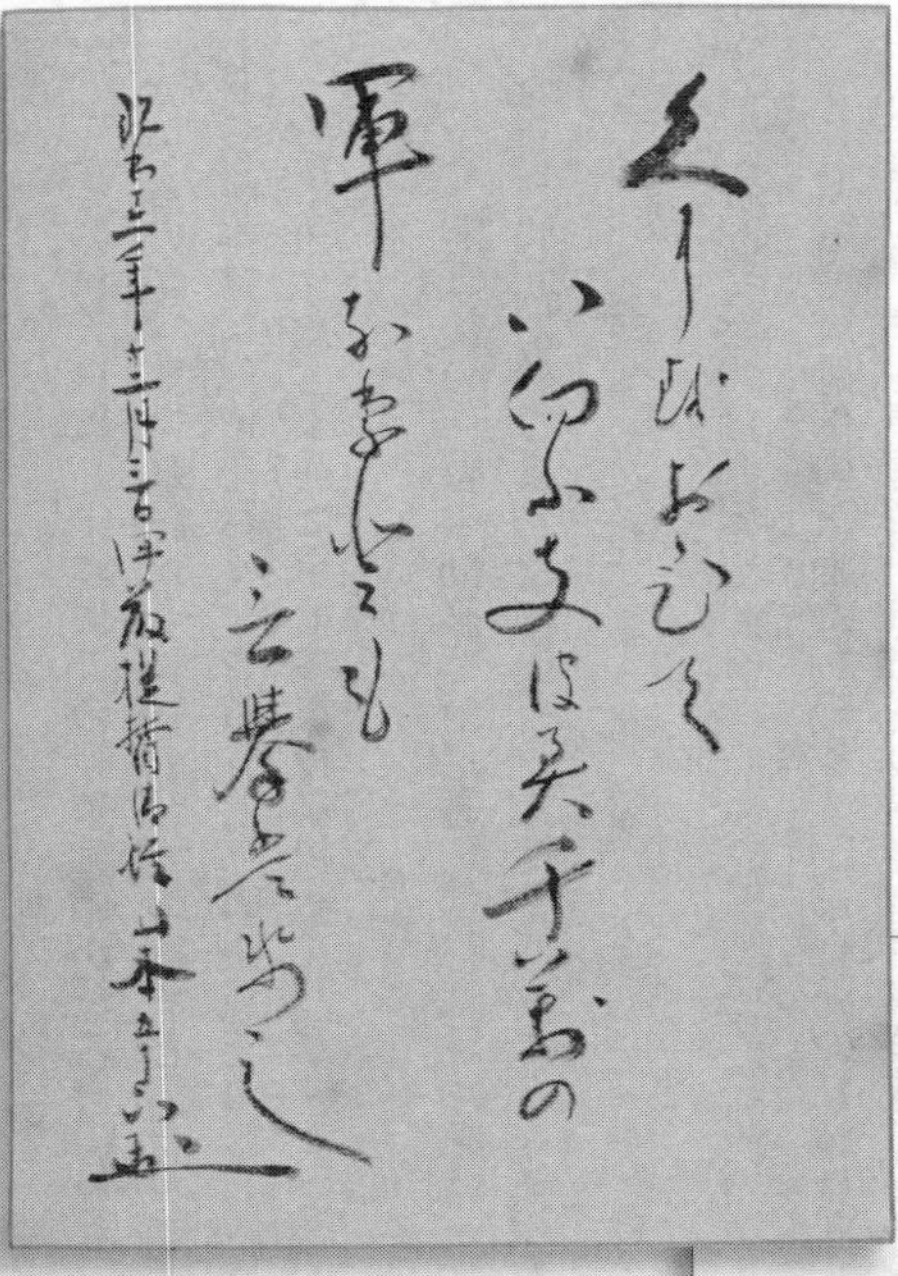

山本五十六が伊藤へ贈った色紙。下は伊藤による覚書

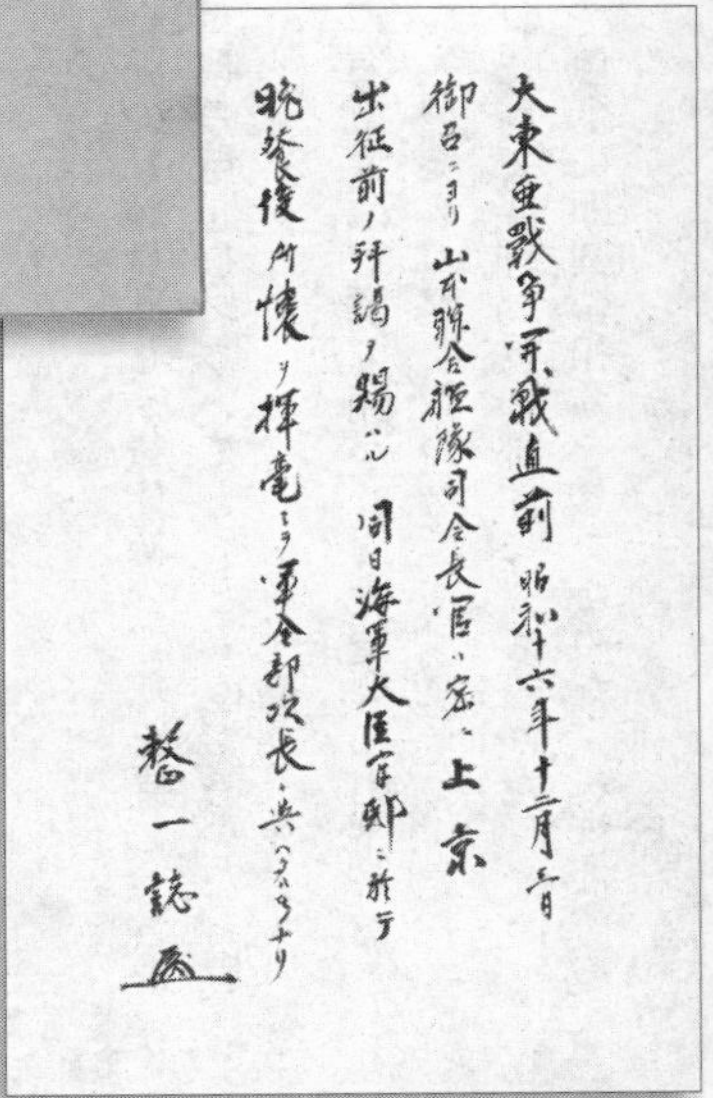

大東亜戦争開戦直前　昭和十六年十二月二日
御召ニヨリ　山本聯合艦隊司令長官ハ密カニ上京
出征前ノ拝謁ヲ賜ハル　同日海軍大臣官邸ニ於テ
晩餐後所懐ヲ揮毫シテ軍令部次長ニ与ヘラレタリ
整一誌

その日天皇は、山本にこの戦争にいかなる自信をもってその遂行にあたろうとしているのか、連合艦隊司令長官としての覚悟と信念を問うた。

山本は、死力を尽くして戦うことの決意を奉答した後、戦いの見通しについても率直に語った。事前に宇垣参謀長が起案した奉答文には次の一文がある。

> 開戦後の作戦の推移は予定通凡てが満足に進捗《ちょく》するものとは限りませぬ　又或る局面に於きましては損害多く相当苦戦に陥る場合等も起ることと覚悟致して居ります
>
> 〔原文カタカナ〕〔『戦史叢書10』〕

政府や統帥部の首脳たちの多くが、戦局の甘い見通しや気休めの言辞を弄してきた中で、剛直、直言の士の山本の奉答は、戦の見通しについてもっと率直であったと思われる。

山本は宮中から下がった後、その夜、海軍大臣官邸で開かれた晩餐会に出席した。大臣官邸は、霞が関の海軍省の西門から入ったその奥にあった。

晩餐会の終了後、山本は、武井と連れだって経理局長の部屋に立ち寄った。

武井の回想によれば、山本は局長室で色紙に即興の和歌をしたためた。かれは、その場で山本の歌の字句の指導も行った。

武井は、そのときのことをこう振り返っている。

この歌を中心に、交された物語の一つ一つは、筆者の記憶になほ昨日の如く新たなるものがある。作戦については固より質ねるべき筋でもなく、又語らるゝ筈もないが、一度聖断を賜はつた暁には、電光石火、世界を驚倒せずには措かぬであらう大作戦が、敢行せらるゝに相違ないといふことが、片言隻語の間に悟得せられ、後日、つぎつぎに展開せられた作戦の跡を見て、これあるかなと感じたことであつた。

（『山本元帥遺詠解説』）

その夜、山本五十六は、まだ宮中での天皇拝謁による精神の昂揚が冷めない中に、伊藤への色紙も書いていた。本歌は、軍令部次長室のものと同じく万葉集である。

伊藤は、その後三年余り、色紙を自宅の書斎に秘蔵して、時折、山本の遺墨に見入っては武人としての覚悟を確かめていた。伊藤の精神的バックボーンには、その育った風土があった。

青春時代を過ごした中学伝習館とは筑後川を隔てて指呼の距離に、武士道の精神を説いた「葉隠《はがくれ》」で知られる佐賀の鍋島藩がある。

「武士道といふは、死ぬ事と見付けたり」

乱世を生きた武士たちの苛烈な生き方や人生哲学に伊藤は、その書を通して若い頃から共鳴していた。「葉隠」には、己の生死にかかわらず常に正しい決断をすべきことが説かれている。武士として主君のために尽くすべき犠牲の精神と戦場に赴く者の諦観と決意が語られていると感じていたからだ。

「国家に育ててもらった自分は、国家に恩返ししなければならない」

と、伊藤はいつも口癖のように家族に語っていた。

「葉隠」の哲理が、自己を律する精神的風土となっていたのである。

そして「大和」への出立の前夜、すでに亡き山本五十六の心境にあらためて自分の決意を重ねてみたのだった。

和歌を贈られた十二月三日の夜、山本連合艦隊司令長官は、伊藤軍令部次長に向かってもう一つ、ある重要な事柄を告げていた。

「戦争は堂々とやるべきなり、事前通告を必ずやるように」（『戦史叢書10』所収「近衛資料」）と。

五　最後通告は誰が遅らせたか

伊藤は軍令部次長として、日米開戦にあたってもう一つ重要な役割を担っている。のちに歴史に大きな禍根を残す「対米最後通告」の問題である。

話はややそれるが、海軍省には、国際法専門の法律顧問として書記官というポストがあった。

海軍省書記官（中将級）の榎本重治《じゅうじ》は、大正十年（一九二一年）のワシントン軍縮会議以来、ロンドン海軍軍縮会議など主な国際会議には必ず全権に随行した人物だった。山本五十六とはロンドン軍縮会議に同行して以来、山本が本音で時局を語り合える莫逆の交わりをしていた。

自宅は渋谷区松濤町の、現在でいうと観世能楽堂へのなだらかな坂の途中にあった。木造洋館建のいかにも国際的な仕事をしてきた人物にふさわしい雰囲気を漂わせた家だった。

昭和十四年（一九三九年）頃、三国同盟の締結交渉が米内、山本、井上（成美《しげよし》）の海軍トリオの強硬な反対で頓挫していたとき、右翼、反対派の刺客に狙われて暗殺計画まで噂された山本海軍次官を、榎本は自宅にかくまったこともあった。

昭和五十一年（一九七六年）の秋、わたしが榎本を自宅に訪ねたとき、応接間の書棚には、軍縮条約締結の経緯から真珠湾攻撃など海軍の関係資料が、まだ堆《うずたか》くつまれてあった。

いつもの癖なのか、ヘビースモーカーの榎本は、ソファーに座るとまずタバコを取り出すために紙箱の底をポンポンと叩く所作をした。そしてタバコ一本を指にはさんで火をつけると、それをくゆらせながらおもむろに話をはじめた。

「勝てない戦争をなぜしたかということですが、答えはむずかしいですねぇ。おかしなことですよ。BBC放送からも質問されて困ったですよ。山本五十六は神様みたいに崇められているけど、なんで、負ける戦争と知って出て行ったのか。答えはむずかしいですよ。なぜですかねぇー。私にもわかりませんねぇー」

榎本は、深いため息をついた。

戦後三十年経っても、日本がアメリカ相手に開戦に踏み切ったことに鬱屈《うっくつ》した思いを抱いていたのが印象的だった。

開戦直後の十二月十日頃、榎本書記官は伊藤軍令部次長に会っている。伊藤は、榎本に次のような話をしていた。

最初この通告は攻撃の一時間前に手交する予定であったが、今日までの自分の経験によると、大規模な作戦を実施する際は実施が計画より二〇分内外遅れるのが通例なので、攻撃の一時間前に通告する予定では通告と攻撃との間隔が実際上あまりに長くなる虞れがあったから、三〇分間切りつめて攻撃の三〇分前に通告するように変更した。（『戦史叢書10』）

開戦時、ワシントンの駐米日本大使館の外交的不手際による最後通告の遅れは、「リメンバー・パールハーバー」の標語とともに、「だまし討ち」との宣伝によってアメリカ国民を対日戦に一致結束させることになった。この外交的失態に伊藤は軍令部次長として深くかかわっていたのである。

日米開戦に大きな汚点を残すことになる「対米最後通告」は、天皇も十二月一日の御前会議の直後、東条首相に「最後通告手交前に攻撃開始が起こらぬように気をつけよ」と注意し、開戦前の最後通告発出を当然のものと認識していた（東條英機尋問記録・東京国際軍事裁判　書証１２０１号Ａ）。

一方、山本連合艦隊司令長官は、十二月八日、真珠湾上空の淵田美津雄攻撃隊総隊長から発信された「トラ　トラ　トラ」（ワレ奇襲ニ成功セリ）の第一報を受信すると、瀬戸内海の旗艦「長門」の作戦室ですかさず参謀に対して言った。

「事前通告は攻撃開始時刻前に届いているだろうナ！」（『太平洋戦争への道7』）

あらためて念を押したほどだった。

それだけに最後通告に大きくかかわった伊藤にとって、通告の遅れに対する自責の念と苦悩は深かったのである。

その頃の伊藤の苦悶の様子を三女の貞子が目撃している。

お茶の間に置かれた箱火鉢の前に正座した伊藤は、真剣な表情で背筋を伸ばし火鉢の角に三つ指をついた。そしてあたかも野村吉三郎駐米大使に詫びるごとくに火鉢越しの妻に向かってつぶやいた。

「野村さんには、ほんとうに悪いことをした。すまないことをした。野村さんには深くお詫びしなければならない」

伊藤は、凛然《りんぜん》と威儀を正していた。伊藤の悔恨の姿が見られたのが正確に何日だったかは、貞子は記憶していない。

対米最後通告文は、十二月四日、大本営政府連絡会議に諮《はか》られて承認された後、翌日の閣議にかけられて原案のまま決定された。

会議の席上、東郷外相は、最後通告についての提案を行った。

米国に送る外交最後の文書として、米の態度、これに関する日本の態度、並びに宣戦詔書の内容を敷衍して述べ、見切りをつけて外交を打切る趣旨を以てしたい……もう〔米に〕いうだけ、その後にいうだけの余裕はない、外交打切りとしてこの案文を練り、明五日午後発電、六日〔着〕とすれば手交するのはちょうどよ

（『太平洋戦争への道7』）

い日と思う。

これに対して、伊藤軍令部次長が、ワシントン時間の七日（日曜日）午後十二時半の手交を申し出た。そこで案文は外務省案のまま、手交日時は、別途、統帥部の要求に合致するように協議することでこの日の決定をみたのである。

しかし、伊藤はその後、榎本の回想の中にあった理由によって、開戦通告を三十分繰り下げる必要をいだいた。午後十二時半から一時への変更を決心した。

そこでかれは五日午後、参謀本部の田中新一第一部長と同道して外務省へ東郷外相を訪ね手交時刻の三十分繰り下げを要請したのである。

「午後一時という時刻は、戦闘行為開始に若干の時間的ゆとりはありますか」

と、東郷はたずねた。これに対して伊藤は、

「事前通告は、戦闘開始までには十分に時間があります」

午後一時三十分の開戦時刻は軍機密にかかわるものとして東郷への説明をさけた。東郷は、伊藤の返答に納得し、手交時間の変更に同意した。

ここに、日米交渉の最後通告は、ワシントン時刻の十二月七日午後一時に手交されることが決定されたのである。ここで伊藤はとくに慎重を期して、東京とワシントンの時差を考慮に入れて、発電時刻には充分に注意するように外務省にはくれぐれも念

をおしていた。(『大本営海軍部 回想の大東亜戦争』)。

伊藤は、統帥部を代表して時刻が変更された旨を、翌六日の大本営政府連絡会議の席上であらためて報告した。『太平洋戦争への道7』によれば、このときの伊藤は、決定変更の時間の算出根拠について、三十分繰り下げの理由の説明は、東郷外相にも、海軍省にも、また連絡会議の席上でも一切、これを行うことはなかった。統帥部の専権事項として、統帥権独立の作戦上の軍機の守秘を貫く立場にのっとったものだったのだ。だが、情報の共有がされない政府や統帥部の組織の不統一が、これからの戦争で大きな失敗の要因となっていく。

真珠湾攻撃が開始されたのは午後一時二十五分、(ハワイ時間では七日午前七時五十五分)、つまり伊藤が攻撃開始時刻が二十分遅れることを見込んだ予測ははずれ、逆に五分早まっていたのである。野村大使がハル国務長官に日本政府の「最後通告」を手交したのは午後二時二十分だった。真珠湾で日本海軍機の攻撃が開始されてすでに五十五分も経っていたのである。

ワシントンの野村大使による「最後通告」が、伊藤の思惑通りに午後一時に手交されていれば、その三十分後の午後一時半の真珠湾攻撃開始となり作戦計画どおりであった。しかし、現地日本大使館員の翻訳遅れなどさまざまな怠慢と緊張感を欠く不手際によって通告の遅れが生じた。このことについては伊藤には直接の責任はなかったのだが、深い心の疼きとなって、かれを後々までも苛めることになったのである。

こうして伊藤整一が、作戦実施に大きくかかわった真珠湾攻撃は、無通告の奇襲となって太平洋戦争の幕が切っておとされた。

第五章
敗戦責任そして戦艦「大和」へ

第二艦隊司令長官を拝命した昭和19年12月23日。
自宅庭にて。左から淑子、整一、ちとせ、貞子

一　憂色

真珠湾攻撃の直後、伊藤が竹馬の友の藤田國雄に戦争の先行きへの不安をひそかに漏らしていたように、日本海軍の優勢はわずか五ヵ月だった。

昭和十七年六月、ミッドウェー海戦の大敗以降は、次第に戦力をもがれていく。戦争のことが口の端に上ることはまずなかった伊藤家で、娘たちが記憶している二つのことがある。

真珠湾攻撃の二日後、十二月十日の夜ふけ、突然に伊藤の自宅の電話がなった。軍令部から急報が入ったのである。

その日の午後、マレー沖で繰り広げられた海戦で、日本海軍機がイギリス東洋艦隊の最新鋭戦艦「プリンス・オブ・ウェールズ」と巡洋戦艦「レパルス」を撃沈したとの第一報だった。伊藤は、軍令部から帰宅していた。台所の壁にかかっていた電話をとったちとせは、廊下を隔てた八畳の居間にいた伊藤を大声で呼んだ。伊藤は、最初、険しい顔つきで受話器を握りしめていたが、やがて歓喜の表情にかわった。

「真珠湾攻撃まで、本当に苦しんでいた父は、この電話を受けたとき、滅多にないうれしそうな顔をしていました」

目撃したとき十五歳の女学生だった純子は言う。イギリス東洋艦隊の壊滅という、真珠湾につぐ大戦果に伊藤はやっと胸をなでおろしていたのである。

さらにもう一つは、昭和十八年四月の山本五十六の戦死をめぐる伊藤とちとせとの間で交わされた会話である。

五月に大本営から山本の戦死が発表された直後の夕餉《ゆうげ》の席でのことだった。

「山本さんは、可哀そう」

と、ちとせがしんみりとつぶやいた。

「馬鹿！　軍人が死ぬのは当たり前だっ。何が可哀そうなもんか！」

伊藤は怒ったようにぶっきらぼうに言った。自分の責任と今の苦境を思えば、いっそ戦死したほうがどれほど楽であるか、伊藤は心ひそかにそう思っていた。

ちとせは、箸をおき居住まいを正すときっぱりと夫のひとことを遮った。そして言った。

「いいえ、わたしが可哀そうと言ったのは五十六さんではありません。奥様が可哀そうだということです」

伊藤は、やがて自分にも間違いなく訪れるであろう死の、そのときの妻の心境を思えば、ちとせの反論に二の句を継ぐことはできなかった。

日本海軍にとって太平洋戦争の、いわば天王山ともいうべき米軍とのサイパン攻防戦がはじまったのは、昭和十九年六月である。軍令部を預かる伊藤にとっては、これからほぼ五ヵ月間、息つく暇もないほどの想像を絶する悪夢と重圧の日々がつづいたのである。

その後七月七日、日本軍のマリアナ諸島サイパンでの玉砕まで一ヵ月近く継続した、壮絶な戦闘。この間のマリアナ沖海戦、以後、八月にはグアム、テニアンの陥落。さらには十月、台湾沖航空戦、そして連合艦隊が壊滅的な打撃を受けたフィリピンでのレイテ沖海戦へと敗戦に次ぐ敗戦だった。

話を少し戻すが、日本は、昭和十八年九月三十日、御前会議において「絶対国防圏」を設定し、今後の戦争指導方針を決定した。二月のガダルカナル島の敗退以後、米軍の猛烈な反攻作戦にさらされた日本軍は、これまでの膨張しきった戦線の縮小を余儀なくされたのだ。

そこで戦争遂行上、絶対に確保すべき勢力圏、アリューシャン列島からマリアナ諸島、フィリピン、東部ニューギニア、インドネシア、ビルマにいたる日本列島を中心とする円弧を「絶対国防圏」と称して、サイパン島が本土防衛の要衝とされたのである。

日本の委任統治領であるマリアナ諸島の防備は、太平洋戦争の開戦以来、海軍の担任区域だった。昭和十九年三月、サイパンの日本陸海軍の総指揮は中部太平洋方面艦隊司令長官・南雲忠一中将（戦死後、大将）に委ねられ、陸軍部隊の第三十一軍（司令官小畑英良中将）もその指揮下にあった。

一方、B29の開発を進めていたアメリカは、一九四二年九月に試作第一号機を完成させていた。航続距離およそ六千キロ、飛行高度一万メートル、対空砲火の届かない上空から四トンもの爆弾を投下することが可能なこの大型爆撃機は、「スーパーフォートレス（超要塞）」と呼ばれた。B29の完成によってアメリカが狙いを定めたのが、直接に日本本土への爆撃が可能な出撃地、太平洋上のマリアナ諸島である。

昭和十八年八月、米国大統領ルーズベルトと英国首相チャーチルは、カナダのケベックで会談、その席上でアーノルド米国陸軍航空部隊司令官がB29による日本本土爆撃計画を提案した。これは「日本打倒総合計画」となり、連合軍は、翌年六月十五日を上陸日とするサイパン島侵攻作戦を決定したのである。

このときマリアナ諸島攻略の総指揮を一手に委ねられたのが、アメリカ海軍第五艦隊司令長官レイモンド・スプルーアンス大将である。ミッドウェー海戦の覇者となって以来、引きつづき総指揮官に任命されたのだった。

スプルーアンスは、太平洋艦隊司令長官ニミッツ大将からサイパン島攻略と連合艦隊との決戦という二つの任務を命じられた。

六月十五日、リッチモンド・ターナー中将率いる米軍第五十一進攻部隊のサイパン島上陸作戦が開始された。そして翌日未明、中国の成都を飛び立ったB29による北九州の八幡製鉄所への初空襲が行われた。

いよいよ日本国民に、戦場が間近に迫ったことを知らしめたのである。

さらに六月十七日と十八日の両日——。

東京では、二月から陸相のほか参謀総長をも兼務するに至った東条英機首相は、時を同じくして海相と軍令部総長を兼務する嶋田繁太郎とともに参内して、天皇に当面のサイパン作戦について奏上した。

このとき天皇から東条に対して、サイパン島喪失の場合におけるB29による東京空襲の懸念が伝えられた。東条参謀総長は、「サイパン島防備に関しては、難攻不落であります」と、鉄壁の守りを豪語したのである。

さらに、天皇から嶋田軍令部総長に対しては、日露戦争の夢の再現を期すマリアナ沖海戦への激励が伝えられた。

あ号作戦の決意は洵《まこと》に結構である。この度の作戦は国家の興隆に関する重大なるものなれば、日本海海戦の如き立派なる戦果を挙げるよう、作戦部隊の奮起を望む。

この天皇のことばは、強い響きを放って連合艦隊の各部隊へ伝えられた。

一方、米軍のサイパン進攻の事態を受けて六月十五日、大本営（軍令部）は、かねてからの準備にもとづいて、連合艦隊へ米艦隊主力との決戦を命じる「あ」号作戦を発令した。サイパン島の陸上戦闘と並行して、その西方海上において航空機と艦船による一大決戦が展開されたのである。

六月十九日、小沢治三郎中将率いる第一機動艦隊は、太平洋戦争中最大の決戦兵力を有する大艦隊を擁して出撃した。空母「大鳳」「翔鶴」「瑞鶴」「千代田」など九隻、戦艦「大和」「武蔵」「金剛」「榛名」など五、他に重巡十などをふくむ五十六隻と補給部隊、そして空母搭載機四百五十、艦載水上機四十三などで編制されていた。

これに対して、米軍は、第五艦隊（スプルーアンス大将）、高速機動部隊（ミッチャー中将）の正規空母七隻、小型空母八、戦艦七、さらに搭載機は八百九十一、その戦力は日本軍の約二倍にのぼった。

午前七時半——。

日本軍索敵機の敵第五艦隊発見の第一報に、第一次攻撃隊百二十九機が発進した。日本海軍の永年の基本戦略、西太平洋における邀撃《ようげき》作戦で連合艦隊と米国艦隊との決戦がはじまったのである。

決戦では小沢中将のアウトレンジ戦法、つまり日本軍機が敵より航続距離に勝る点をいかして、より早く敵を発見して先制攻撃を加えるという作戦が採用された。自分は無傷で相手を沈めるという虫のいい作戦である。ミッドウェー作戦の手痛い失敗の教訓から索敵も周到（三段索敵）に行っていた。

日本の索敵機は、狙い通りにいちはやく米空母部隊を発見し、乾坤一擲の戦いは一瞬、成功するかに思われた。第一機動艦隊からの第一報に軍令部の作戦室では「やったぁー」と、歓喜の声が湧きあがったという。元軍令部参謀だった野村実から平成四年（一九九二年）にわたしは直接に聞いている。そのとき、六月に着任したばかりの野村は、終始作戦室に詰めて戦況を見守っていた。

米軍は第一機動艦隊の思う壺にはまったかのようにみえたのである。

ところが、軍令部には午後になっても何ら続報が入ってこなかった。小沢艦隊では帰還する操縦士の数が極端に少なく、戦果の確認ができないでいた。出撃した飛行機との交信が途絶えてしまったのである。

東京の軍令部では、不安と憂色が漂いはじめた。

そのうち第一機動艦隊から出撃機に打たれた無電が傍受された。

「第一航空艦隊の総飛行機は瑞鶴に着艦せよ」

第一航空艦隊の空母は、「大鳳」と「翔鶴」「瑞鶴」である。他の二隻の空母の行方はどうなったのか、そちらの方が心配になってきた。

結局、夜になって、この二隻の撃沈の報が入ったのである。軍令部の伊藤次長をはじめ参謀たちは、それまでの不安の念が絶望的な気分に変わっていった。

十九日の夜、小沢第一機動艦隊司令長官は、残存艦船をいったん北上させて後退した。結局、この日の戦闘は、信じられないような大敗北を喫したのである。

日本の攻撃隊は第一次攻撃隊百二十九機、そのうち母艦に帰還できたのは二十七機だけであった。しかも敵の空母群に達することができた日本軍機はゼロだった。さらに第二次攻撃隊百二十八機中、帰還できたのは三十一機。このようにして第四次攻撃隊までに一日のあいだだけで二百四十三機を失ってしまった。これは艦載機の五四パーセントに相当した。

二十日には、米艦載機が退却する日本側へ追撃をしかけてきた。

夕刻からはじまった戦闘で、第一機動艦隊も反撃したが、攻撃終了後、暗闇で着艦に失敗する日本軍機が続出した。未熟な若い操縦士が大半だったからである。それは油不足と敵潜水艦の跳梁による訓練不足が原因だった。さらに言えば、日本軍機のほとんどが米空母に到達するのさえも困難だった。

結局二日間の戦闘で残ることができた艦載機は、わずか二十五機、失った空母の数、旗艦「大鳳」「翔鶴」「飛鷹」など三隻、これに対して米軍の損害は、艦載機二十九機、空母の撃沈ゼロ。

こうして連合艦隊は、スプルーアンス大将率いる第五艦隊に完膚なきまでに叩きのめされてしまった。

これは、航空決戦というよりもレーダーとVT信管という、二つのエレクトロニクスを駆使した米軍の科学兵器との戦いに敗れたのである。このとき米軍は、砲弾が機体に命中しなくても近接すれば炸裂する電波兵器を装備した高角砲によって対空砲火の威力が二十倍にも増していた。

軍令部作戦室の参謀たちの雰囲気は、現地からの情報が入るにつれて作戦開始時の勢いはどこかへ吹き飛んでしまった。

十九日の作戦開始から、作戦室に張りついていた軍令部の伊藤次長以下の参謀たちは塞ぎ込んでしまった。その夜は全員が作戦室に泊まり込んで徹夜で戦況を見守った。米軍が追撃戦に移った二十日は、現地から入ってくる深刻な戦況に、作戦室ではほとんど口を開く者もなく青ざめた表情になった。

二十日の夕方、ようやく軍令部総長の嶋田繁太郎が作戦室に入ってきた。しばらく立ったまま戦況の報告を受けていた。やがて部屋のソファーに腰を落とすと、目を閉じたままじっと動かなくなった。落胆の色は濃く、立ち上がる気力も失せて気落ちしたまま無言であった。

作戦室は、咳払いひとつなく通夜のような沈痛な空気が張りつめた。昨夜以来、徹夜の伊藤次長も憔悴しきっていた。

中澤作戦部長は、二十日の「作戦日誌」の中でこう書きとどめている。

マリアナ沖海戦終わる。残存飛行機二十五機。十九時四十分連合艦隊長官命令発せらる。

小沢艦隊の航空戦敗因

一　飛行機の先制攻撃を企図して遠距離にいて発進

二　航空機の自死大

三　敵の電探〔レーダー〕とfc〔艦上戦闘機〕の共同防衛

中澤は、アウトレンジ戦法の失敗と操縦士の練度不足からの自滅、そして敵のレーダーと戦闘機の連携による待ち伏せ攻撃による敗退、以上の三つを敗因にあげている。だが、当然のことながらアメリカの秘密兵器であるVT信管については気づいていない。その存在が明らかになるのは戦後になってからであった。

二　皇族からもあがった非難

日本海軍にとって、伊藤と中澤が知らなかった重要なことがもう一つあった。

　この年三月末日、山本五十六大将（昭和十八年四月戦死、のち元帥）の後任、連合艦隊司令長官・古賀峯一大将が、米軍の空襲を避けるためパラオから、フィリピンのダバオへ退避する途中に搭乗機が悪天候で遭難して殉職した。連合艦隊の司令部が大型飛行艇三機に分乗して移動する途中の事故だった。

　山本の戦死から一年にも満たないうちに、連合艦隊司令長官がつづけて戦死したことの衝撃は大きかった。この遭難事故は、山本五十六の戦死を「海軍甲事件」とよんだのについで、「海軍乙事件」として五月まで国民には秘匿された。

　しかし、このとき別の飛行艇で同行中に遭難した福留繁参謀長が所持していた、鞄の中の暗号書と日本海軍のその後の作戦構想――「あ」号作戦や「捷」一号作戦などに関わる新Z作戦要領（機密連合艦隊命令作第七三号）の重要機密書類が、敵の手に落ちていたのである。後のマリアナ沖海戦やレイテ沖海戦にも影響を及ぼす重要書類だった。福留参謀長の遭難機から現地ゲリラの手を経てマッカーサー司令部に渡り、米太平洋艦隊司令長官ニミッツの司令部にも情報がもたらされたことが戦後明らかになっている。

中澤作戦部長の記録（「昭和十九年ノート」）によれば、伊藤次長は、四月五日から軍令部参謀の源田実中佐らを従えてフィリピンへ出かけている。この間、伊藤はフィリピンで連合艦隊司令部の再建に忙殺されていた。

そして帰京後の四月十七日、海軍大臣官邸において、沢本海軍次官らとともに福留参謀長の事情聴取が行われた。

福留は、遭難状況の説明を行ったが、機密書類の紛失には全く言及しなかった。従って海軍中央は、機密漏洩の事実を知る由もなく、そのため、暗号の変更など何らの処置も取られることがなかった。

伊藤は、前年四月に山本五十六戦死の事後処理にブーゲンビル島へ出かけて以来、二人目の連合艦隊司令長官の死に立ち会い暗澹たる思いにさせられたのである。

戦局は、いよいよ緊迫の度合いを強めてきた。

「あ」号作戦の戦況については、六月二十一日、さっそく軍令部総長から天皇に奏上された。サイパン島での勝敗が本土防衛の天王山であることを十分に認識していた天皇は、その奪回にこだわっていた。「緊急に増援部隊をサイパンに送り、何とか、これを奪回できないか」お言葉を受けて陸海軍の統帥部とも、真剣に方策の検討が行われた。また、軍令部の作戦指導をめぐって、伊藤次長や中澤作戦部長の責任を問う声がおこった。伊藤は名指しで批判の矢面に立たされることになったのである。

サイパンを敵手に委して打過ぎたならば、日本の将来は由々しき大事に立到る惧れがある。これは是非共奪回しなければならぬと思う。しかるに軍令部の状況を見ると、山本（親）一課長が弱いし、中沢部長、伊藤次長にはその決意がないように見受けられる。しかし、マリアナ列島線を奪回するか敵手に渡すかの問題は、区々たる作戦事項でなく、実に戦争指導上の大問題と思う。

救援の道を講ぜずして陸海民四万五千の運命を座視した大本営（軍令部）は、万死に値する腰抜けぞろいの集団であったという外はない。

（『高木海軍少将覚え書』）

サイパン奪回作戦に踏み切れない大本営陸海軍の戦争指導に対する強い非難の声が部内にとどまらず皇族からもあがってきた。

これに応えて伊藤次長ら軍令部では直面する情勢を冷静、かつ慎重に分析した。その結果、圧倒的な米軍の戦力を前に、もはや新たな兵力の調達と海上輸送がほとんど不可能であり、日本軍のそれは底を尽きかけていた。これまで跋扈《ばっこ》してきた精神主義と「大和魂《やまとだましい》」だけでは、もはや合理的に戦を勝ち抜くことは不可能である、という結論に達した。

六月二十四日、東条、嶋田の両総長が並列してサイパン奪回作戦の断念を奏上した。しかし、天皇はこれに納得しなかった。

「元帥会議を開き、これに諮問せよ」

と、異例の発言があったのである。

天皇としては、サイパン島の鉄壁の防備をあれほど豪語していた統帥部に対し、大きな不満を抱いたのである。

六月二十五日、天皇の強い御意をうけて初めての元帥会議が召集された。諮問をうけた伏見宮・梨本宮・杉山元《はじめ》・永野修身の四人の元帥が、サイパン奪回作戦の可否について意見の交換を行った。しかし元帥会議も結論は同じだった。その結果、サイパン奪回の断念がふたたび天皇に奏上されたのである。

この頃、サイパンでは在留日本人を巻き込んでまだ熾烈な玉砕戦がつづけられていた。住民は島の北部に追い詰められつつあった。しかるにサイパン島の放棄が決定されたのである。

制海権と制空権を奪われたうえ、圧倒的な火力を持つ米軍を前に、南雲長官以下の将兵の玉砕によってサイパンは陥落した。これにより絶対国防圏は崩壊した。

このとき、サイパン島での日本陸海軍の戦死者は四万名余、日本人住民の犠牲者は一万名余。サイパン島が陥落したことで、いよいよB29による日本本土攻撃が可能となった。日本の戦力維持と国民生活への脅威が現実のものとなったのである。

元帥会議の直後、作戦部長の中澤佑少将は、伊藤軍令部次長をたずねてひそかに自らの進退についての固い決意をのべた。

「私は大東亜戦争について必勝を期し得る信念を失いました。必勝の信念のない者が作戦を指導する機務に従うことは、自他を偽《いつわ》るものであり、私の良心が許しません。誰か必勝の手段を有する者と交代させられ、私を第一線に配して最後の御奉公をする機会を与えて欲しい」（中略）

と〔中澤は〕申し出た。伊藤次長は沈思黙考、稍々しばらくして、徐々に口を開き、

「私も同様に考える。然し何分の令あるまで現職にあって努力して欲しい」とのことであった。（『海軍中将中澤佑　海軍作戦部長・人事局長回想録』）

伊藤も心底から、中澤と同じ心境にあったのである。

戦争の見通しもすでに判明した今、自分も前線にでて最後の責任を果たしたい、一方でできることなら和平の機会を得て戦争を終えられぬものかと心ひそかに思っていたのである。

中澤は、マリアナ海戦直後の海軍中央にあったひそかな動きを、前掲書の中で、こう回想している。

六月下旬海軍省軍務局第一課長山本善雄大佐より、「戦争の見透しも概ね判明したので、此の際和平につき考慮しては如何」との提案があった。これに対し私は、「同感である。海軍省として実現方配慮ありたし。私は現情勢にて、和戦二挺櫓を使う余力はないから」と答えたことを明瞭に覚えている。

その後、私は軍令部作戦部長として、統帥部は和平の機を作ることを作戦の基本方針とし、政府〔海軍省〕は和平の機をつかむことを根本として、常に内外の情勢に対処せられんことを要望した。

この頃軍令部第一部長附であられた高松宮殿下には、宮中から退下されて私の席に来られ、

「陛下は今後、如何に上手に戦争に敗けるかが思召です」

と申されました。このお言葉は今なお耳底にあります。

陛下には戦機を捉え和平への道をお考えになっておられたものと拝察いたします。

すでにこの時期、宮中で皇族が終戦への意向をひそかに語っていたのである。

大本営は七月十八日、サイパン守備隊の玉砕を発表した。

そしてその日、二年九ヵ月つづいた東条内閣は総辞職、小磯国昭内閣が成立した。

小磯内閣は、八月十九日、第一回の「最高戦争指導会議」（大本営政府連絡会議の改称）を開き、「世界情勢判断と今後採るべき戦争指導の大綱」を決定した。

ちなみに「最高戦争指導会議」とは、首相、外相、陸相、海相、参謀総長、軍令部総長ら六名の正規構成員からなり、参謀次長と軍令部次長も列席した。これらのメンバーにより政府と統帥部間の連絡の緊密化を図ったのである。六名の構成員は、戦争指導の根本方針の策定や政戦両略の調整をした。会議は宮中で行われ、重要な決定事

項は天皇に奏上して、裁可を仰ぐのを例とした。そして会議に天皇が臨席した場合には、「御前会議」とよばれたのである。

小磯内閣による第一回の御前会議（最高戦争指導会議）の後、中澤作戦部長は、八月二十四日の私的日誌「昭和十九年ノート」の中に、赤の色鉛筆で丸く囲んで、極秘の興味深いメモを残している。三笠宮との会談記録である。

〔参謀本部〕第二部の三笠宮に御前会議の要旨を説明したところ殿下は鉛筆で私の書類の裏に「帝国は速やかに大東亜戦争を終息せしむ」という文句を書かれて「この方針ではいかがですか」と云われた。

天皇の弟宮である三笠宮は、この年一月まで、支那派遣軍総司令部参謀の職にあり若杉参謀と称されていた。そしてこの頃からすでに、密かに戦争終結を模索していた。サイパン戦終結の直後、まだ戦争終結を口にすることなど絶対に憚られた時期に、高松宮につづいて三笠宮もが示した大胆な勇気のある行動に中澤作戦部長は驚いたのである。

この話は当然、中澤から伊藤次長の耳にも入ったはずである。

日本側の立場からだけいえば、海軍の統帥部にとって太平洋戦争の終戦のチャンスは、ハワイやシンガポール作戦で大勝利をおさめた直後、そして第二の機会はサイパン失陥のあとでしかなかった。すでに日本には戦争継続の国力が底をつきかけていたからである。

だが、その後の戦局は、破局へ向かって一直線に突き進んでいった。

三　第二艦隊司令長官へ

昭和十九年十一月二十四日、マリアナ諸島から飛び立った第七十三航空団のＢ29百十一機による東京初空襲があった。この日、午後十二時すぎに飛来したＢ29の大編隊は、都下武蔵野町（現・武蔵野市）の中島飛行機武蔵野工場を戦略爆撃の目標として狙ったのである。

その頃、伊藤家には庭と農園とのあいだに、海軍によって築かれた防空壕があった。コンクリート造りで屋根の上には一・五メートルぐらいの土が盛られており、焼夷弾が落ちても突き刺さるように防護されていた。地下壕の内部は、床や天井がコンクリートで固められ、壁に板張りが施されていた。さらに備え付けのベンチもあって、一般家庭の防空壕に比べれば、格段に立派なものだった。

ただ、東京に空襲がはじまった頃、伊藤は家族にこう伝えている。

「我が家は絶対に疎開はできぬ。家財道具の引っ越しもまかりならぬ」

軍人の家が疎開や家財の引っ越しをすれば、隣近所に不安を与えるからというのがその理由であった。

やがて翌年、伊藤の戦死後、東京の最後の空襲で家が全焼したとき、家財道具や家族の思い出の品々もすべて焼失してしまうことになる。


伊藤軍令部次長の戦線への転出の願いが聞き届けられたのは、東京空襲がはじまったその翌月のことだった。

伊藤は太平洋戦争の開戦以来、軍令部次長として三年四ヵ月余の長い間、すべての主要作戦にかかわってきた。それだけにリーダーのひとりとして戦死者の霊にこたえ、国家への責任をはたすべくひそかに死に場所を求めていた。

いよいよ願いどおりに戦艦「大和」を旗艦とする第二艦隊司令長官に転補されて東京を離れることになったのである。

「父は家庭では、責任は重くても自分の辛さを家族には絶対に見せませんでした。でも、あの頃はそれはもうげっそりとやつれていましたね。自分が苦しむのは当たり前というひとでしたから。あの表情はよく覚えています」

二女の淑子の回想である。

伊藤長官の宮中での親任式は、十二月二十三日に行われた。式には伊藤のほかに海兵同期の侍従武官中村俊久中将、小磯国昭総理大臣および藤田尚徳侍従長が列席して、天皇から第二艦隊司令長官に親補された。

このときのことを伊藤は淑子に、「天皇陛下はやっぱり偉いよ。前にでたら自然に頭がさがったよ」と、語ってきかせている。

親任式のあと伊藤は、第二艦隊副官の石田恒夫少佐を伴って賢所《かしこどころ》に参拝した。さらに靖国神社、明治神宮への祈願、各宮家への挨拶まわりと、連日慌ただしく自宅からでかけていた。

親任式の朝、皇居へ出発する前に玄関先で撮った家族四人の写真が残されている（章扉参照）。

軍刀を手に海軍中将の正装で身を固めた伊藤を中心に、晴れ着姿のちとせと淑子と貞子。これから天皇へ拝謁という晴れがましい日でありながら、伊藤にはいつもの微笑みはなかった。思いつめたような一家の表情にも喜びの姿はない。むしろ第二艦隊司令長官を拝命する伊藤家の緊張と運命への不安が伝わってくるようである。

いよいよ任地の広島県呉に向かう前日、伊藤は終日、身辺の整理に動き回った。

「あの日の父は、いつもの優しい父ではなくて物凄く真剣な顔をしていました。そんな顔は見たことがないというくらいに、必死になって自分の書類とか衣類なんかも全部整理していました。二階から下りたり上がったりと飛び回るように動いて、外で書類を燃やしていました。そのときの表情は何ともいえない淋しそうな顔でしたね」

と、貞子は言う。出発前日、伊藤の用でちとせが外出したあとの父の昼食の世話を母から言いつけられたのは、女学校一年生の貞子だった。貞子は母の指図どおりに初めて父の食事をこしらえた。

最後の夜、家族四名が水盃をかわしてお別れの食事が終わると、伊藤はあらたまってちとせと二女の淑子を居間に呼び寄せた。貞子は、席をはずすように言われた。

昭和十九年もいよいよ暮れようとしていた。部屋には寒々と凍てつくような寒気が漂っていた。箱火鉢に炭火が赤く燃えていた。

伊藤は、ちとせと淑子を前に、居住まいを正すとあらためて静かに切り出した。その顔は十四歳の淑子に向いていた。

「お母さんは家督を相続できないから、淑子さんがお母さんをしっかりみてあげてください。叡は特攻志願で戦死することは間違いないと思います。貴女が伊藤の家督を継いでお母さんや貞子をしっかり守ってあげてください」

二女にそんな言葉をおくると、ふたりの前にびっくりするような札束を積んだ。い

つこのような蓄財をしていたのかと淑子が驚くような金額だった。伊藤は日ごろからこの日に備えて、ひそかに家族の将来のため生活費を蓄えていたのである。

「これから世の中はどうなるかわからないが、貴女たち三人が食べていけるだけのお金は用意しておきました。そのために土地も買っておいたのだから生活は心配しなくていいのだよ」

伊藤は、将来、子どもたちがこの土地で一緒に仲良く暮らすことができるようにと願って広い土地を買ったことも伝えた。

淑子は父の家族に対する責任感と思いやりの言葉に驚いて胸がつまった。

「私は、このとき、ああ、父は、死ぬ気なんだなぁ、と咄嗟《とっさ》に思ったんです」

淑子はその晩を思い出す。

伊藤はいつ用意したのか三人の娘たちのそれぞれにあてた自分の肖像写真を三枚取り出した。墨字で「昭和十九年十二月」、純子・正嘉《まさよし》夫妻、淑子、そして貞子の名を記した縦三十センチの四つ切りサイズの肖像写真である。第一種軍装に海軍中将の襟章と胸に軍歴を示す数多くの勲章が輝いていた。

まさに遺影だった。今も娘たちの手元に残されている写真を渡すことで、無言のうちに家族へ別れをのべたつもりだったのである。

翌朝、伊藤が海軍厚木航空基地から岩国基地を経由して呉へ向かう日、軍令部差し回しの車が迎えに来た。

門前で車に乗り込もうとする夫に向かってちとせは、笑顔をつくって励ましの言葉を投げかけた。

「負け戦だったらお家に入れませんからね」

この声は、娘たちも、そして迎えの第二艦隊副官・石田恒夫少佐もはっきりと耳底に残している。

師走の凍てつく朝、これが家族にとって最後の別れとなった。

ちとせは、車が人見街道の角から姿を消しても、涙が頰を伝わるままにしばらく茫然と立ちすくんでいた。出勤する夫を見送る見慣れた光景とは違い、今朝は特別の意味をもっていた。「永遠」という一語がついたからである。

伊藤は、四日市に住む新婚の長女夫妻には、十二月三十一日に戦艦「大和」の艦上から肖像写真とともに手紙を書き送っている。

昭和十九年の五月、純子は、四日市の海軍燃料廠につとめる主計大尉今澤正嘉に嫁いでいた。結婚は、父整一のお眼鏡にかなった東京帝大を出た青年との、海軍関係者の媒酌によるものだった。

謹啓
無事着任致し清浄なる海上の空気を吸ふて元気一杯張り切って居るから御安心被下度　純子さんが東京に来て呉れた時の入院中のお父さんを忘れて英姿颯爽《さっそう》たるところを想像して貰ひ度いですな（呵呵《かか》）
本年も今日で暮れます　元気で仲善く幸福な御正月を迎へられん事を祈上て右御一報迄。
十二月三十一日　　父より
正嘉
純子　殿

純子は、前月の十一月二十日前後に上京して父親と面会していた。十月のレイテ沖海戦後、米軍の進攻が予想されるフィリピンの前線視察と作戦指導のためにマニラへ出張し、アメーバ赤痢にかかってしまった伊藤を見舞ったのである。築地の海軍軍医学校付属病院（現・国立がん研究センター）に入院していた。父はげっそりと頬がこけ、大きな体も縮んで見えた。文面で伊藤は、純子が見舞ってくれたことを引き合いに出し、手紙でつとめて明るく振る舞おうとした。

フィリピンが敵手に落ちれば日本と南方資源地帯との海上輸送が遮断され、戦争遂行は不可能となる。このとき軍令部次長として、伊藤は心労の極みにいた。妻のちとせとしても、伊藤がまもなく第一戦の海上部隊に出ることを予見した。そこで純子を呼び寄せたのである。

純子にとってこのときの上京が父との今生の別れとなった。

第六章

だしぬけの海上特攻命令

海上の戦艦「大和」

一　沖縄特攻命令

戦艦「大和」の運命にとって、極めて重大な事実が秘められていた。

ワシントンのアメリカ国立公文書館が所蔵する極秘文書「ULTRA」の日本海軍関係の記録、分類番号RG38の中に、昭和二十年四月五日、連合艦隊司令部から海上特攻命令が下ったその夜、「大和」が発した極秘電文が米国海軍によって暗号解読されていた事実が残っていたのである。その文書には米海軍暗号課のコード名「OP－20－G」の印字が押してある。情報の入手先は、日本海軍の暗号であることを示す「JN－25」である。

ULTRA（ウルトラ）とはコード・ネームであり、日本軍の暗号解読や通信の解析、捕虜などから鹵獲《ろかく》した価値ある文書の内容が、〝特別情報〟として「ウルトラ」と呼ばれた。

「ウルトラ」情報は、極めて限られた将官や上級将校と特命の担当士官にしか配布されず秘密の厳守がなされていた。「大和」については、昭和十七年七月十七日、つまりミッドウェー海戦直後からの暗号解読文も残されているが、「大和」出撃に関する四月五日から六日にかけて解読された電文には「TOP SECRET―ULTRA」のオレンジ色のスタンプが押されている。つまり「ウルトラ」の中でもさらに重要度の高い「最高機密扱い」の文書ということである。

四月五日、午後十時〇三分、第二艦隊参謀長から、海軍沖縄方面根拠地隊司令官（大田實少将）にあて発した機密文書が解読されていたのである。

それは「大和」の無線通信を呉基地の通信系から沖縄根拠地通信系に移すことを知らせたものだった。以下はその電文の一部である。

第二艦隊参謀長　発

本艦隊は、八日黎明沖縄東方の海上に突入予定、七日十二時〇〇分より貴部隊と直接交信を致したく、至急、使用電波暗号を報せられ度

なお、本艦隊は佐世保海軍部隊通信系七四六〇KCおよび三七三〇KCにて待機中、沖縄付近の敵情について随時報告されたし。――空白――

米軍は、八日の夜明けに第二艦隊が沖縄に突入するとの情報を摑んだのである。

このウルトラ文書の中ではさらに、第二艦隊参謀長からの電文につづいて、「C

Z」(暗号名)に関する情報については「CZ一八七一—F番」と「CZ一八七八—F番」を参照するようにとの指示を出している。この四桁の数字と内容が何を意味するものかは不明である。おそらく、五日に連合艦隊司令部と「大和」から送受信された暗号電報の重要な内容をさしているものと思われる。

そして五日午後十時〇三分の暗号通信を解読したウルトラ文書で、米軍は第二艦隊が第一遊撃部隊と同一部隊であること、しかもこの艦隊は「Special Suicide Attack Unit」(特別攻撃部隊)であるとの情報も書き記している。

無電の傍受による「大和」の沖縄までの航路の特定と到着日の確認作業は、出撃時刻までさらに米軍側により執拗につづけられることになる。

四月五日、午後一時五十九分――。

連合艦隊司令長官から三田尻沖に仮泊中の「大和」以下の第一遊撃部隊に対して、突如、沖縄特攻の出撃準備命令が打電されてきた。

「大和」を旗艦とする第一遊撃部隊は「海上特攻」とし八日の夜明けに沖縄突入目指して出撃準備をせよ、との命令だった。

「大和」以下の艦隊を「海上特攻」としたところに特別の意味がこめられていた。

「大和」は神風《しんぷう》特別攻撃隊と同じように、前途に敵陣への突入と死があるのみで、六千名余の乗組員に生還が許されないのである。

つづいて午後三時、連合艦隊から作戦の本命令が発せられた。


海上特攻隊はH日黎明豊後水道出撃　Y日黎明時沖縄西方海面に突入　敵水上艦艇並に輸送船団を攻撃撃滅すべし　Y日を八日とす

〔原文カタカナ〕（GF電令作第六一一号）

前記の、米軍による暗号解読では、大和が「沖縄東方海上」に突入すると記されているが、無線傍受後の何かの記載ミスではなかろうか。

連合艦隊から作戦命令が届いたのは、時あたかも伊藤長官が候補生に対して新任の心構えについて訓示をなしていた頃であった。長官訓示のこの間、候補生たちには「大和」が死地に赴く運命を背負ったことなど知る由もなかった。

「大和」では、慌ただしく准士官以上に集合が命じられ、連合艦隊命令が伝えられた。艦内スピーカーは、けたたましく「総員集合　前甲板！」の放送を行った。

甲板を埋め尽くした当直配置をのぞく二千五百名余の兵士たちに有賀幸作艦長から、命令の伝達と手短な訓示がなされた。

戦上手《いくさ》、豪放磊落《らいらく》な人情家として部下から慕われていた有賀は、つとめて平静を装って「特攻出撃」による艦の動揺を鎮めようとした。艦上に響くその声は威厳と迫力に満ちていた。

「大和」の甲板には、一瞬、水をうったような静寂と緊張が走った。勇猛心をかきたてるもの、特攻の命令に全身から気力が失せて膝がふるえるもの、内心には暴風がかけめぐった。

「大和」は海上特攻部隊として、H日の夜明けに豊後水道を出撃、そして八日黎明時に沖縄西方海面に突入することが命じられたのである。

突入日時に厳格な枠がはめられたことにより、戦況による柔軟な艦隊行動の自由が奪われることになった。そこで第一遊撃部隊は強い意見具申を行い、それが認められた結果、翌六日の朝、出撃日時だけは伊藤長官の裁量に一任されることになった。それでも四月八日の夜明けに沖縄到達を命じられた作戦に変更はなく、天候、敵情、戦局の推移にお構いなしに、進撃路と突入日時が決められていてはまさに敵の手中にむざむざと飛び込むようなものである。しかも天候次第では、これが敵にも味方にもなる。

第一遊撃部隊の進路と突入日時の拘束は、六日の夕刻、はやくも豊後水道を監視警戒中の敵潜水艦「ハックルバック」に発見されグアムの司令部に通報されている。これも前日から連合艦隊司令部と第一遊撃部隊旗艦「大和」の暗号電報を解読して行動を監視していた「ウルトラ」情報との関わりを想定してもおかしくはないだろう。

そもそも第二艦隊司令部では、この作戦に大きな不信を抱いていた。伊藤長官は随行する駆逐艦がわずか六隻という戦力の過少にも疑問を抱いたのである。駆逐艦は、敵の艦船や航空機、潜水艦への攻撃力を備えた外洋での守護神である。戦力の過少は敵に対し効果的な攻撃力を発揮できない。

そこで連合艦隊司令部への伊藤の強い要求から作戦の一部が変更された。出撃日時の一任に加えて、六日、午前七時五十分発の連合艦隊命令（GF電令作第六一一号）によって、随行駆逐艦は六隻から八隻に増強されたのである。いったん発令された本命令が、十七時間後の出撃当日の朝になって重大な内容の変更と艦隊の追加編制がなされたのは異例のことだった。

急遽、出動部隊に加えられた二隻の駆逐艦の戸惑いと出撃準備の慌ただしさもさることながら、その背景にあった理不尽な作戦を強いる連合艦隊司令部に対する伊藤の激しい怒りと不信感は容易に想像できよう。

昭和十九年十月、フィリピンでの神風特別攻撃隊にはじまった日本海軍の体当たり攻撃は、その半年後、連合艦隊最後の艦隊出撃となる「大和」の海上特攻にまで行きついたのである。

戦艦一隻（大和）、軽巡洋艦一隻（矢矧）、駆逐艦八隻（冬月、涼月、磯風、濱風、霞、雪風、初霜、朝霜）の全十隻、総勢六千名余の将兵からなる特別攻撃隊の編制は、世界の海軍史上でも例を見ない作戦となった。

絶対に死がさけられぬ成算ゼロの特攻命令は、特攻のための特攻としか言いようがない。「大和」の出撃は、戦の外道《げどう》だった。

ところで、「大和」の海上特攻命令に先立つ四月二日、第二艦隊麾下の古村啓蔵《こむらけいぞう》司令官の第二水雷戦隊司令部では、今後の「水上部隊の活用」について独自に研究会をもち、次の三つの案を検討している。

一　航空作戦、海上作戦の成否如何に不拘突入作戦を強行（中略）此の場合目的地到達前の壊滅は殆ど必至。〔傍線筆者〕

二　好機が到来するまで日本海の朝鮮南部に退避温存。

三　揚陸可能な兵器、弾薬、人員を陸に揚げて本土の防衛力に活用する、残りは浮き砲台とする。

（『戦史叢書93』）

検討の結果、第三案を最善の策として、第二艦隊司令部に意見具申を行った。第二艦隊司令部もこの案を了承した。

そして自己の案と統合して、連合艦隊司令部と大本営海軍部（軍令部）へ第三案で意見具申を打電しようとした。

その判断の根拠となったのは、すでに沖縄本島に敵が優勢な航空基地（北および中飛行場など）を確保した以上、今後、航空作戦が有利に展開する見込みはほとんどありえない、というものだった。背景に日本軍の飛行機と練達した搭乗員の不足による航空戦不振の戦況があった。

しかし、この案は伊藤にとっては、まことに心苦しい苦渋の決断であった。なぜならば実質的な第二艦隊の解散を意味するからである。本来ならばこれは伊藤が最も潔《いさぎよ》しとしない作戦だった。

開戦以来、軍令部次長として前線の将兵に大きな犠牲を強いてきた作戦の責任者が、自らが前線に出た途端、あたかも変節したかのように変わり身の早い消極策をとった、と見られても仕方がないからである。

ところが、運命の変転は意外な形でやってきた。連合艦隊司令部へ意見具申を行おうとする直前に、五日の海上特攻命令となったのである。

制空権、制海権が敵手にある沖縄へたどり着くまでのハードルは高かった。敵の昼間の航空攻撃、最新鋭のレーダーを完備した夜間攻撃可能な潜水艦の魚雷攻撃、夜が明ければ艦砲射撃と、幾重にも、かつ厳重に張り巡らされた網の目をくぐりぬけることは至難のわざだった。

連合艦隊司令部が「大和」に下した海上特攻の命令は、非情かつほとんど成算ゼロの、「大和」の水上部隊が最も忌避したその第一案だったのである。

では、なぜこのように理不尽な沖縄特攻命令が、突然に発令されるに至ったのか。その作戦案のもととなるものが記録に残っている。

昭和十九年六月のマリアナ沖海戦の惨敗とサイパン島失陥時に、ひとりの作戦参謀の頭の中にその原型があった。先に、「大和」出撃前夜、駆逐艦「花月」の艦上で鶴岡司令官が口にした内容を山根航海長が回想したところでもふれたが、艦隊による殴り込み戦術である。

当時、海軍省教育局第一課長であった神重徳大佐が、軍令部中澤作戦部長のもとに来てひとつの戦術を主張したことに端を発していた。

私を山城艦長にして欲しい。私は山城を指揮し、サイパン島に進出、海上より陸戦を援けて米軍を撃破したい。

(『海軍中将中澤佑　海軍作戦部長・人事局長回想録』)

戦艦を敵陣深くに突入させて砲台として使用しようというのである。

神は、親独の対米英開戦強硬派として知られ、昭和十七年のガダルカナル島奪回をめぐる第一次と第三次のソロモン海戦では、第八艦隊の参謀として作戦の指揮にあたった人物だった。第一次ソロモン海戦では神の強気の作戦指導が自軍を成功に導いていた。神は終戦直後の昭和二十年九月、津軽海峡で飛行機事故により殉職した。特攻作戦の責任をとってあえて死を選んだとも伝えられている。

神の戦艦「山城」でサイパン島強襲を図ろうとする意見に中澤作戦部長は、強く反対した。


制空、制海権を失った今日、山城がサイパン島に進出することは不可能である。みすみす山城の将士を失う結果となるから、君の意見に同意をすることはできない。（同前）

中澤は、成功の見込みがないことを論破して神大佐の意見具申をしりぞけた。将兵の命を重んじたのである。

ところが、神大佐がサイパン戦で示した戦艦による殴り込みの作戦構想が、昭和十九年七月、かれが連合艦隊先任参謀となった後、「大和」の沖縄特攻作戦としてふたたび息を吹きかえすことになった。

神大佐は、すでに二月一日の神奈川県日吉の連合艦隊司令部（現在の慶応義塾大学日吉キャンパス。昭和十九年九月に東京湾の旗艦「大淀」から移転）での作戦打ち合わせで、「大和」の利用についてひとつの提案を行っている。公刊戦史の『戦史叢書93』によれば、そのときの模様は以下のようになる。

軍令部が「戦艦は人だけは置いて繋留したい」と、残存する戦艦を浮き砲台として利用しようとする意向に賛同を示したが、神大佐は「大和」については別の使用を提案した。

「大和を第二艦隊の旗艦とし、それを特攻的に使用したい」との意見を明らかにしていたのである。だが、この案は秘されていた。

二　海軍航空隊鹿屋基地

四月三日、鹿児島の海軍航空隊鹿屋基地では、海軍航空部隊の最高首脳が集まって沖縄の戦局打開にむけて一大決戦をはかる作戦会議がひらかれた。

大本営海軍部、連合艦隊参謀長・草鹿《くさか》龍之介、作戦参謀・三上作夫《さくお》、現地の第五航空艦隊などの主な顔ぶれが揃っていた。

そして、その結論を受けて、第五航空艦隊宇垣長官は、その日、特攻による四月五日予定の航空総攻撃、「菊水一号作戦」を発令したのである。これに呼応して沖縄の牛島満中将率いる陸軍第三十二軍も、七日に飛行場奪還の反撃作戦を行うことが決定された。

それと時を同じくするように、連合艦隊司令部でも、急遽、「大和」の沖縄突入にかかわる作戦計画が着手されたのである。

戦局の挽回をはかるために沖縄で敵の上陸正面に、陸海空の決戦兵力の総力を集中して撃退をはかろうとするものだった。

『戦史叢書93』にはこうある。

沖縄戦が始まると、神参謀はしばしば戦艦の使用を要求してやまなかったが、草鹿参謀長〈連合艦隊〉は機会を見る必要があるとしてなだめてきた。神参謀が「大和ヲ特攻的ニ使用シ度」と要望し、その結果、軍港に係留されるはずであった「大和」が第二艦隊に編入された（中略）。

聯合艦隊司令部においては、構想として海上特攻が検討されてはいたが、（中略）計画は、草鹿参謀長が鹿屋に出かける以前にはなかった。神参謀から海上特攻計画について電話してきたとき、三上〈作夫〉参謀は「全く寝耳に水のことで驚いた」という。「日吉と鹿屋の間ではげしく論議した」。その際、神参謀は「〔及川軍令部〕総長が米軍攻略部隊に対し航空総攻撃を行う件について奏上した際、陛下から航空部隊だけの総攻撃かとの御下問があったことであるし」ということを強調したという。〈傍線筆者〉

連合艦隊先任参謀の神大佐が、鹿屋出張中の三上作戦参謀に強調した「陛下から航空部隊だけの総攻撃かとの御下問があった」というのは、四月四日、及川古志郎軍令部総長が天皇に、航空作戦の実施について奏上をしたときのことを指している。軍令部総長は、毎週二回または三回の戦況奏上を恒例としていた。この日、及川の奏上を聞き終えた天皇は、

「海軍にもう艦はないのか、海上部隊はいないのか」

と、航空部隊だけの総攻撃に疑問を呈したという。

これだと天皇が、暗に海上部隊の出動を促したように聞こえる。

及川総長は、咄嗟に「海軍の全兵力を使用致します」と、奉答してひたすら恐懼《きょうく》し、宮中を退下《たいげ》したとされる。

神先任参謀から鹿屋で電話を受けた三上作戦参謀は、その間の秘話を海兵同期（五十六期）の仲間たちによる『海軍兵学校56期回顧碌』の中で、「大和特攻作戦の経緯

について」と題して次のように明らかにしている。

四月　突如神先任参謀より次の連絡があった。「本日軍令部総長〔及川古志郎〕が陛下に作戦奏上の際、海上部隊の作戦能力について御下問があった。総長は恐懼して御前を退下し、只今軍令部と作戦に関し打合せ中であるが、大和部隊の沖縄突入作戦が計画されることになるであろう」と。その後数回連絡があったが、就中《なかんずく》燃料問題につき軍令部からきびしい制圧が加えられた点が強く印象に残っている。

神からの電話は、「大和」の沖縄突入作戦が、いかに突然に浮上してきたか、舞台裏の慌ただしさを物語っている。日吉の連合艦隊司令部から神先任参謀が「大和」の海上特攻計画を伝えてきたとき、天皇の御下問《ごかもん》のことを口にしたという。

事実とすればまさにこれは袞竜《こんりょう》の袖にすがり、天皇の威光を笠に「大和」の沖縄出撃を正当化するための、第二艦隊に対する脅しにほかならないではないか。

四月三日に第五航空艦隊による「菊水第一号作戦」が決定されると、相前後して、連合艦隊司令部では、宮中での御下問をうけて「大和」の沖縄突入計画案が急速に浮上した。

そして四月四日、連合艦隊司令部では、神先任参謀が計画案を軍令部に持参して富岡定俊第一部長(作戦)の了解を求めている。だが、富岡部長はこれに反対した。その理由を戦後になってこうふり返っている。

「第一燃料がない。本土決戦は望むところではないが、もしやらなければならない情勢に立ち至った場合の艦艇燃料として、若干は残しておかなければならない」

と、いうにあった。

第一部長の反対にあって、連合艦隊参謀は、こんどは小澤次長に会い、その了解を求めたようである。

小澤次長は「連合艦隊長官がそうしたいという決意ならよかろう」と了解を与えた。

このとき、及川軍令部総長は「黙って聞いていた」。

富岡第一部長は

「私の知らない間に、燃料は片道でもよいということで、小澤次長のところで承知したらしい」

(『戦史叢書93』)

このとき軍令部の要路に慌ただしく作戦の根回しを行った神参謀の名は記されていない。富岡は実名をだすことを気づかっているのだろう。

軍令部では、「沖縄突入計画案」について及川総長は意見をのべず、作戦部長が知らない間に次長のみの決裁で決まったと言うのだ。さらに連合艦隊では草鹿参謀長も三上作戦参謀も日吉を離れていたため、かれらも知らないうちに突入作戦が決定されたことになる。

軍令部総長は、天皇に直隷《ちよくれい》する最高の幕僚機関である。

軍令部令第三条では軍令部総長は、国防用兵の計画を掌《つかさど》り、用兵のことを伝達しなければならない、とされている。

作戦用兵のもととなる至上命令は、軍令部総長が立案し天皇に奏上して、その裁可を得た後に天皇の名において発令されることになっていた。連合艦隊司令長官は作戦計画については軍令部総長の指示をうけることになっている。

それが「大和」の「沖縄突入計画案」については、その最高責任者の及川軍令部総長は、「黙って聞いていた」と、言うのである。

余談ながら、及川古志郎は、日米開戦時の海軍大臣だった。昭和十六年十月十二日、近衛首相の私邸・荻外荘《てきがいそう》で、その頃の切迫した日米交渉を議題に、和戦の決定をめぐって東条陸軍大臣はじめ海相、外相、企画院総裁ら五相による重要会談が開かれた。ここで及川は「総理一任」と、近衛首相に下駄を預けて近衛内閣総辞職のきっかけをつくった。

和戦の決定に海軍が責任を負うことをさけ、近衛首相の責任においてこれをなさしめようという態度だったのである。結果として、日米開戦に主戦的な東条内閣の誕生につながった。

このことについては、終戦直後の昭和二十年十二月二十二日から翌年一月にかけて四回、元海軍大臣米内光政の主唱で開かれた、生き残った海軍の最高首脳たちによる「海軍特別座談会」での逸話がある。会議の目的は「日本海軍が、なぜ太平洋戦争に突入したか」、歴史の真実を語り残そうということにあった。

参加者のひとり、伊藤整一の軍令部次長当時の海軍次官・井上成美が、面前のかっての上司である及川元海軍大臣を痛罵した。

「なぜ海軍は、近衛や東条陸相に対して断固として海軍は戦えぬと言わなかったか。なぜ男らしく戦えぬと言いきらなかったか！」

井上は、特別座談会で最も激しく議論し、痛憤やるかたなしの観があった。「千載の痛恨事なり！」と、舌鋒鋭く及川につめよった。

及川は「全責任は自分にあり」と、いたく神妙に頭を下げたという。

この話、井上成美が横須賀の隠棲地で八十六歳の生涯を終えた翌年、昭和五十一年（一九七六年）秋、「海軍特別座談会」の司会をした元毎日新聞記者で海軍報道班員だった新名《しんみょう》丈夫からテレビ番組の取材の折、直接に聞いた。新名はその後三十年間、このときの速記録を筐底深く秘してきたのである。

かれは昭和十九年二月、東条首相の施策を「竹槍では間にあわぬ」と批判した、いわゆる「竹槍事件」の記者として東条から懲罰召集をうけた硬骨漢だった。

以上の挿話は、及川総長が、「大和」の出撃決定という重要な場面でも、判断を明確にしなかったことの、指導者としての資質を問う傍証にはなりうるだろう。持ち前の難題回避術を発揮したのである。

さて、鹿屋にいて連合艦隊の神先任参謀と頻繁に連絡をとり合っていた三上作戦参謀は前出の回想記の中で、

　連絡事項は逐一草鹿参謀長に報告したが、本作戦（「大和」の出撃）につき積極的意見又は反対意見は述べられなかった。

（「大和特攻作戦の経緯について」）

と、草鹿が作戦を追認したことを述べている。

三上は連合艦隊の水上作戦の主任参謀である。本来ならばこの作戦は、三上が仕切るべき立場にあった。しかしかれは、たまたま草鹿に随行して鹿屋に来ていた。

> 私は神参謀に対しこの作戦が成功の算殆んどなく、むしろ本作戦には消極的意見であることを述べたが、これ等は充分考慮の上、大局的に海上部隊の死所をここに求めるという日吉（連合艦隊）司令部の決意が堅かったので私はそれ以上反対しなかった。（同前）

連合艦隊司令部では、「大和」の死に場所を、沖縄特攻に求めたというのだ。軍令部の決定も組織としての手順を踏んでいない。連合艦隊の神参謀ひとりに強引に作戦実施を押し切られてしまった。

戦争の終末にきて、軍令部と連合艦隊とのあいだでは、ここまで綱紀が緩んでいたということだろう。軍令部は陰で「連合艦隊司令部東京出張所」とも揶揄されていた。連合艦隊司令部からの、突然の「大和」の沖縄突入命令は、無理に無理を重ねてこうして実行されたのである。

「大和」の沖縄特攻は、要するに責任の所在が曖昧なままに、六千名余の命がかかった重大な作戦が決行されていった。希望的、直感的で合理性のない判断に頼ってその作戦は実行されていった。いわゆる〝天佑を確信し全軍突撃せよ〟といったような伝統的な精神主義であった。

三　「大和」の出撃と遺書

四月五日の夜から六日の朝にかけて、第二艦隊司令長官の伊藤整一は、ほとんどまんじりともせず一夜を明かした。

時折、森下参謀長や有賀艦長が出撃準備の報告と打ち合わせに来た。合理主義者の伊藤は、このときこの突入作戦にはまだ全く納得していなかった。

開戦前から伊藤は、この戦争が完遂を期し難いことは、胸中に秘しつつもこれまで口外することもなかった。

開戦の早い時期に、日米交換船で帰国したばかりの、アメリカ駐在武官だった横山一郎大佐に終戦の方策を研究させたことがあった。昭和十七年八月頃である。横山は、この戦いは負けるということをはっきりと伝えた。伊藤は、一言「ありがとうございました」と言ったきり、黙ってその報告書を受け取ったという。

この夜、長官室にこもった伊藤には、孤独と煩悶《はんもん》と重圧が引いては寄せる波のように繰り返し襲ってきた。

ミッドウェー海戦の予期せぬ惨敗を経て三年近く、日本の破局はついに行きつくところまで来てしまった。すでに海軍だけでも三十万を超える戦没者を出している。軍令部次長としての自分の責任は大きい。それゆえにたっての願いが聞きいれられて最後の戦艦部隊である「大和」の第二艦隊司令長官に任じられた。

しかし、今、沖縄特攻を前に、自分が預かっている命は六千有余。「大和」の総員も三千三百名余をとってみても半分以上は、二十代の青年である。二十歳未満の少年兵も百名近くはいる。それぞれに人生があり、家庭がある。かれらの死後の家族の悲しみはいかばかりか。特攻の決断は、かれら将兵の死を意味するのである。自分ひとりの死などものの数ではない。事にあたって死地に赴き常に死と一体になる覚悟はとっくにできている。だが、六千名の命と引きかえのこの特攻作戦にどのような意味があるのか。

静かな怒りと水上特攻への強い疑問が沸々とわき起こってきた。

伊藤は、このとき連合艦隊司令部が、凄まじく油を食う「大和」の使用法やその働き場所について頭を悩ませているのは十分に承知していた。陸海軍とも全軍特攻となって勇猛果敢な戦いを強いられているとき、水上部隊だけが手をこまねき傍観していていいのか、悔いなき死に場所を得さしめるべし、との強い意見があるのが聞こえていた。

だが、このたびの突然の突入作戦は、計画準備はなきに等しい。作戦実施にあたっての事前の打ち合わせも実地演習の訓練もほとんど行われなかった。特攻部隊の目的を完遂するためには、合理的で細密な計画が必要なのに成算がない思いつきの作戦では犬死ににも等しい。航空機の掩護もなく沖縄までの洋上を、敵に制空権、制海権を握られたまま裸で出撃することの結末は、作戦の素人でも判断できることだった。

しかも、なによりも作戦目的が曖昧なのだ。六日の黎明時に豊田連合艦隊司令長官から発された海上特攻隊の編制の理由を告げる訓令が象徴的だった。

帝国海軍力をこの一戦に結集し、光輝ある帝国海軍海上部隊の伝統を発揮すると共に其の栄光を後昆《こうこん》〔後世の人〕に伝えんとするに外ならず。

訓示の要点となっている文章は、たんなる作文にすぎず掛け声だけは勇ましく美辞麗句に飾られてはいる。だが、それはただ連合艦隊の栄光のために突入せよと言っているだけの形式的で空疎な命令にすぎない。作戦の目的が曖昧なのだ。

「大和」の出撃は、「カミカゼ隊」による航空特攻の戦果をあげるために敵機動部隊をおびきだすためなのか、それとも沖縄突入後に浮き砲台となって、陸軍の第三十二軍を支援するための切込み部隊なのか、あるいは二つともが作戦の目的なのか。そこが曖昧だった。

作戦目的の二重性については、昭和十七年六月、ハワイからの米空母の誘出とミッドウェー島攻略の二つをねらったミッドウェー海戦以来、これまで海軍は大きな失敗をたびたび繰り返してきた。

戦略的合理性を欠いた作戦は、やらなくてもよい特攻のための特攻作戦でしかない。


「大和」をはじめとする出撃部隊では、六日朝までに燃料の移載が全て終了した。

乗組員は、出撃前の入念な兵器点検と、不要物件、機密書類などの陸揚げを行った。作業が終わると前夜から慌ただしく準備した家族への手紙や遺書などを、爪や毛髪なども同封して郵送することが許された。午前十時が締め切り時刻とされた。手紙類は便船に託して徳山郵便局に送られた。機密保持のために、郵便物が宛先に届くのは、本人たちの死後のことである。

伊藤長官の行李に詰め込まれた荷物も、この朝、徳山の海軍港務部に預けられた。

そして「大和」が沈んだ後、この荷物が、東京・杉並のちとせ夫人のもとに届けられるのは四月二十七日のことである。

伊藤整一が、「大和」の活用についてどのような戦術を考えていたのかを示すわずかな手掛かりがある。作家の吉田満が『提督伊藤整一の生涯』の中で、そのことにふれている。

伊藤が第二艦隊司令長官に就任したとき、連合艦隊の三上作夫作戦参謀は、軍令部へ就任のお祝いに参上した。三上は、水上艦艇の作戦参謀であり、かねてから個人的にも伊藤とは親しい間柄だった。このとき伊藤は三上に次のような話をしたという。

〔第二艦隊は〕最後の水上艦隊だから、無意味な下手な使い方をするなよ。不均衡な艦隊だから、総合的にその威力を発揮できるような使い方を考えよ。例えば近く高速潜水艦も出来るし、航空部隊などとあわせて使用することも考察せよ。

伊藤長官の第二艦隊は、戦艦「大和」となけなしの空母と巡洋艦、駆逐艦などで編制されていた。そこで、伊藤は本土決戦用に開発中の「波第２０１型」の小型水中高速艦（昭和二十年五月竣工。水中速度十三・九ノット、水中排水量四百四十トン）と残存航空部隊や艦艇の総合的活用によって何とか難局の打開をはかることを構想していた節がある。

「大和」以下の第二艦隊には、いたずらに敵機や敵の潜水艦にねらわれるだけではなく、敵艦と戦う軍艦本来の任務も果たせる最期を考えてくれ、せめてその砲力や魚雷力を発揮できる機会を与えてくれ、というのが伊藤の率直な願望であった。艦隊決戦主義が、すでに海戦の主流ではなくなっても、伊藤はまだ艦隊へのわずかな期待を残していたのである。

話はさかのぼるが、伊藤が第二艦隊司令長官に就任する二ヵ月ほど前、レイテ沖海戦の直後、内地に引き揚げてきた戦艦「大和」など損傷艦の修理が問題になったことがあった。

以下の記述は、当時の伊藤の部下で軍令部作戦課長、山本親雄《ちかお》少将の回想による（『大本営海軍部　回想の大東亜戦争』）。

海軍省では巡洋艦以上の修理はあとまわしにして、とくに無用の長物となりつつある戦艦の修理はしたくないというのが大方の意見であった。そのときの海軍次官は、大艦巨砲主義を時代錯誤と否定する急先鋒の井上成美中将である。航空中心主義が、井上の開戦前からの持論だった。

大本営海軍部（軍令部）でも作戦課では海軍省の方針に賛成であった。だが、軍令部次長の伊藤中将は、徹底した戦艦無視の考え方には異議を唱えた。

損傷艦修理にかんする海軍省と大本営との打ち合わせの席上、海軍次官の井上は、語気鋭く伊藤に迫った。

「軍令部は、この時期になっても、まだ戦艦に対する執着をすてきれないのか。真珠湾やマレー沖で、戦艦は飛行機の敵でないことの手本を示したのは誰だったのか。比島〔レイテ島〕沖海戦で『武蔵』ほか多数の大艦が飛行機で撃沈されても、まだ目がさめないのか！」

井上は激しい口調で伊藤につめよった。

「〔井上〕次官の話はよくわかるが、敵が戦艦をもっている以上、こちらもあるにこしたことはない」

伊藤はやや分の悪い立場にたたされて会議は終了した。その結果、戦艦の修理は余力ができてから最後にやるということで決着した。

伊藤は、日本海軍が伝統としてきた大艦巨砲の艦隊決戦主義にまだかすかな望みをつないでいたのである。

ここで興味深いのは、海軍兵学校の二期先輩の井上（三十七期）と伊藤（三十九期）の、ともに海軍切っての識見と洞察力を有する能吏型のふたりの性格である。

井上は自己の信念を切れ味鋭く単刀直入に物申すタイプだった。一方、伊藤は相手にはっきりとした物言いは避け婉曲に柔らかく包み込むタイプだった。従って、伊藤は茫洋と摑みどころがない人物という月旦評もなしとは言えなかった。

ともあれ、歴史の皮肉なめぐり合わせで伊藤は、連合艦隊最後の艦隊出撃の司令長官をつとめることになった。あのときの井上との激しい議論をどのような感慨で受けとめただろうか。

無防備のまま、虎の子である「大和」で沖縄に突入するなど、伊藤には考えられなかった。

それが駆逐艦は、伊藤の要求で六隻が八隻に増強されたものの、航空機の掩護もなく「大和」以下十隻による沖縄突入となったのである。

伊藤司令長官をはじめとする、出撃部隊の艦長たちから連合艦隊司令部に対する疑念と猛然たる反駁《はんばく》の声が湧きあがってきた。その理由を挙げると以下のようになる。

大和の能力を超えた愚挙である。

沖縄周辺に待機游弋《ゆうよく》（艦船が海上を往復して待機すること）している米機動部隊群は第二艦隊のわずか十隻くらいではどうすることもできないほど強力かつ大部隊である。

米軍の偵察行動はいまだかつてみないほど慎重かつ綿密。出撃すれば必ずこの偵察網に捕捉される。

航空兵力の決定的な劣勢、わが水上部隊には一機の直衛機もない。

豊田司令長官は、なぜ日吉の防空壕の中から出てこないのだ。

四「一億総特攻のさきがけ」

第二艦隊からは連合艦隊司令部へも厳しい疑問の声が直接にぶつけられたはずである。命令と服従は軍隊の命脈であり、命令に敢然と異議をとなえる第二艦隊の極めて険悪な空気が、日吉に伝えられたのは異例のことだった。

だからこそ、鹿屋に滞在する草鹿参謀長と三上作戦参謀には、「突入作戦について大和に説明に行くように」と、神参謀からの要請が入ったのである。

草鹿の著書『連合艦隊参謀長の回想』によれば、司令長官室で交わされた伊藤との会話はこうであった。

これはまことにつらい役目であり、突然私に行けとはなんたることかと思ったが、考えると、それをいいにいくものは私以外にない。

そこで、一度は怒ってみたものの承知して、六日に飛行機に乗って、内海西部の艦隊泊地〔徳山〕にいった。そして第二艦隊司令部に伊藤中将を訪ねた。

この絶対に生還を期し得ない特攻攻撃を行なわなければならないことの理由を説明した。

伊藤長官はニコニコして聞いていたが、

「連合艦隊の意図はよくわかった。ただ自分の心得として聞いておきたいことは、いく途中で非常な損害を受けて、これからいこうと思ってもダメだというときになったらどうすればよいか」

とのことであった。そこに一抹の不安がある。

そこで私は、

「一意敵殲滅《せんめつ》に邁進《まいしん》するとき、かくのごときことは自ら決することで、ひとつにこれは長官たるあなたの心にあることではないか。もちろん連合艦隊司令部としても、そのときにのぞんで適当な処置はする」

と、答え、私自身の経験などを話して、最後の杯を交わした。

伊藤長官も喜色満面、いささかの陰影も止めず
「ありがとう、よくわかった。安心してくれ、気もせいせいした」

と、いってしばらく雑談に時をついやして名残りを惜しんだ。

伊藤の問いは、今後おこりうる公算が最も確実で、しかも重要な問題であった。作戦の中止は最高指揮官にとって最もむずかしい問題だったからである。伊藤は、ここで一本、草鹿の言質《げんち》をとったのである。特攻攻撃が途中で頓挫した場合の処置につい

て、伊藤の判断で作戦中止を行う、その裁量権を草鹿が与えたことが記されている。

この一言は、のちに将兵の運命に大きな意味を持つことになった。

草鹿は、海兵四十一期で伊藤の二期後輩である。先輩に対しての筆致はぞんざいであり、いかにもあっさりと伊藤が沖縄特攻を受け入れたふうに書いている。草鹿は、第二艦隊には駆逐艦など艦長たちに反対の声があったことなど一行も書いてはいない。

ところが、草鹿に同行した三上作戦参謀の記憶によれば、この場の雰囲気はいささか違っている。

伊藤長官は作戦目的とその見透しについて質問されたが、草鹿参謀長からは、最後には沖縄上陸正面に突入陸上に切り込む計画だとはさすがに明言されなかった。しばし席が白らけてきたので、私はここで発言すべきかどうか一瞬ためらった。遂に意を決して最後のくだりを申し上げたのである。伊藤長官はそれでよく分ったと申されたきりで会談は終った。

（「大和特攻作戦の経緯について」）

「最後のくだり」とは、伊藤が作戦の不合理を鋭く突いてきたときに、弁明に窮した草鹿にかわって三上参謀がのべた窮余の一策の言葉をさしている。要するに、「一億総特攻のさきがけになってもらいたいということです」

と、三上は言った。

「そうか、それならよくわかった」

伊藤はこの瞬間に「生死」を超越して大悟したのである。

すでにこの年一月、最高戦争指導会議で、本土決戦の即応態勢の確立と全軍の特攻優先の方針も決まっていた。責任の果たしどころと死処を求めていた伊藤にとっては、たとえ愚劣な作戦であってもこれ以上に抗う次の言葉はもう必要とはしなかった。死ぬ意義を見出したのである。

沖縄戦を最後に全海軍が玉砕する、連合艦隊の花道を飾ると思えば心も定まった。精神論が合理を制したのだった。三上の回想には、さらに具体的な記述もある。

作戦計画について説明しても、伊藤長官は中々納得されなかった。当然このような作戦などとは言えない無暴無策な挙を納得されるはずがなかった。最後に、一億総特攻のさきがけになってもらいたい、という説明に、〝そうか、それならわかった〟と、即座に納得された。

（『戦史叢書93』）

草鹿の回想よりも参謀の三上のそれのほうが、真実味があり、伊藤の確固たる意志や長官を取り巻く第二艦隊の現場の空気は臨場感をもって迫ってくる。

午後三時半、草鹿連合艦隊参謀長の「大和」来艦のとき、第二艦隊の各艦の艦長や参謀たちも別室の士官室に集まっていた。

やがて主だった幹部の集合したこの部屋で、伊藤長官は最後の訓示を行った。日頃の温厚で静かな口調は変わらず、ていねいに作戦目的と使命をのべた。将兵の奮戦敢闘を鼓舞しつつ、かれらの心を見事にひとつに束ねていった。

「われわれは死に場所をあたえられた」

伊藤のこの簡潔な一言で、これまで出撃にあたって激しい反対意見をのべてきた艦長たちは、誰一人として命令に異を唱える者がなくなった。苦悩の色から満ち足りた表情に変わったのである。

第五航空艦隊司令長官、宇垣纏の日記である『戦藻録』四月六日付には、次のような記述がある。


第二艦隊の空気は最初沈滞気味なりしが、伊藤第二艦隊長官の訓示にて其の気になりたりと云ふ草鹿の来艦で、遅れていた「大和」以下、第一遊撃部隊（第二艦隊）の艦隊十隻の出撃は、四月六日午後四時を少し回った頃となった。

第二艦隊伊藤長官の訓示が、信号で各艦に送られた。

神機将《まさ》に動かんとす　皇国の隆替懸《かか》りて此の一挙に存す　各員奮戦敢闘全敵を必滅し以て海上特攻隊の本領を発揮せよ　（原文カタカナ）

「大和」の前檣《ぜんしょう》に高々と旗旒《きりゅう》信号旗が揚げられた。「各隊、予定順序に出港」「針路百二十度」。戦艦「大和」、満載排水量七万二千八百トン。全長二百六十三メートル、最大幅三十八・九メートル、最大速力二十七ノット、航続距離三千五百浬《かいり》。沖縄までの距離三百五十浬。主砲四十六センチ三連装三基九門――。世界最大の戦艦は波静かな瀬戸内海をすべるように最後の航海に向けて微速前進をはじめた。

曇天の空からはかすかに薄日がこぼれていた。右舷に遠ざかる島々、粭島《すくもじま》や黒髪島、大津島、そして周防の低い山並みには淡いピンクの色が流れていった。桜はいずこも満開だった。この風景をしっかりと瞼に焼きつけた艦隊の乗組員の誰もが、心中ひそかに故国や家族へ別れを告げた。

このとき艦橋に立つ伊藤長官の姿は、「大和」の副長、能村次郎大佐には、よほど印象深かったのであろう。まるで一幅の絵でも描くかのように、その著書『慟哭の海』の中で、こう描写している。

艦橋寂《せき》として声なし。艦橋の前部右端に立つ長身の伊藤整一第二艦隊司令長官。微笑を浮かべ、その目は先に出る各艦を追う。艦隊六千の衆望をになう最高責任者。温厚の態度常のごとく、春風駘蕩《たいとう》、慈父の輝きあり。

第二艦隊の六千名余の将兵は、伊藤長官にすべての運命を委ねた。第二艦隊は「矢矧」（戦隊旗艦）を先頭に、旗艦「大和」を最後尾に、一列の航行隊形で、白波を蹴立てて瀬戸内海を出撃していった。

上空にはB29二機が飛来して、数発の爆弾を投下した。だが、さいわいに被害はなく、南の空へ飛び去って行った。

今日、アメリカ国立公文書館が所蔵する極秘文書「ＵＬＴＲＡ」によれば、米国海軍は四月六日、「大和」の出撃準備のために前夜から発せられた数多くの無電の暗号解読を行っていた。それらは最高機密の「ＴＯＰ　ＳＥＣＲＥＴ－ＵＬＴＲＡ」として関係者に配布されている。

一例を挙げれば、六日午後九時〇九分発の連合艦隊司令長官から台湾の高雄警備府司令長官にあてた暗号電文の解読で、第一遊撃部隊の戦艦「大和」と巡洋艦「矢矧」の艦名と、艦隊がこの二隻と駆逐艦八隻の陣容であることを米軍は完全に把握していた。

高雄警備府司令長官に第一遊撃部隊の沖縄までの航路と日時を、台湾の陸軍部隊に知らせるように命じた電文の内容から把握されたのだった。陸軍の第十方面軍と第八航空師団（特攻部隊）へ「大和」の行動予定を知らせたのは、第一遊撃部隊が、日本軍から誤って攻撃されないためにとられた措置だった。

さらにもう一例を挙げれば、「大和」の航路についても、第二艦隊司令長官から発信された無電から、「第二艦隊が豊後水道を通過することは疑いなし」との情報も摑んでいた。豊後水道の対潜哨戒を担う海軍佐伯基地の豊後対潜哨戒部隊へ、第二艦隊掩護を要請した内容を解読していたからである。

これらの電文解読で戦艦「大和」の豊後水道通過とその後の作戦予定は、米軍に完全に盗まれてしまったのは確かであろう。その上、六日の暗号解読で〈第二艦隊司令長官は、ＢＢ―ＹＡＭＡＴＯ（戦艦大和）に坐乗している〉と、名前の特定はないものの伊藤長官の乗る艦《ふね》までもが知られてしまっていたのである。

第七章 伊藤司令長官の死

「大和」艦上の伊藤第二艦隊司令長官

一　戦艦「大和」の最期

四月七日に戦艦「大和」と運命をともにした伊藤の戦死は、遺族へも厳重に伏せられてきた。惨劇から三週間余り経った四月二十六日になって、海軍省三戸寿《みとひさし》人事局長が杉並の自宅を訪れた。伊藤長官戦死の第一報を初めて家族に伝えたのである。ちとせは、予期していたこととはいえ受けた衝撃は大きかった。それでも気を取り直して、四日市にいる長女の純子に慌ただしく悲報を書き送った。毛筆で便箋二枚、封筒には四月二十七日付の消印、さらに杉並・永福郵便局の速達のスタンプが押してある。

ぶしつけ御免下さい。突然の事に嘸〔さ〕ぞおどろかれる事と思ふが、父上様去る四月七日の戦闘に水上部隊特攻の長官として出撃され名誉の戦死をされました由、昨日夕方人事局長来宅され内報をいたゞきました。
発表は十日後位になる由、近親者には通知してもよろしいとの事に取りあへず御報せいたします。くわしくは本日、又当時の参謀長生残られたそうでお出でいたゞきお話しある由なれば、何れ御目にかゝりました上お話し申します。

内報の事はお二人だけの事にて外部にもれぬ様。（後略）

ちとせは、夫の最期の様子を一刻も早く知りたいと思った。

そして翌二十七日午後に、「大和」から生還した森下信衛参謀長と石田恒夫副官のふたりが、伊藤長官の戦死の状況を詳しく報告にきた。戦艦「大和」の最期にあたって、伊藤長官に生き残ることを厳命された森下らふたりの参謀が、杉並の伊藤家にちとせ夫人を訪ねたのである。

「大和」が撃沈されたとき、第二艦隊の司令部で生還できたのは、森下参謀長と石田副官、それに砲術参謀の宮本鷹雄中佐の三名のみだった。軍医長の寺門正文軍医少将と先任参謀の山本祐二大佐をはじめとする他の五名の参謀たちは全員が戦死した。宮本中佐は、駆逐艦「冬月」に救助されたものの、頭部に大きな裂傷を負っていて、この日伊藤家への訪問は果たせなかった。

宮本砲術参謀と石田副官は、佐世保に着いた数日後、少し落ち着いたところで尊敬する長官の最期だけでも報告を残そうと、「大和」の戦闘から退艦までの記憶をもとに、「伊藤長官の最期」という報告書をふたりでまとめている。

宮本は、戦後、故郷の北九州の小倉に戻って道路建設会社を起こした。生来無口な性格だったので、「大和」については他人にも語ることはほとんどなかった。

長男の宮本多聞（北九州市・七十一歳）の証言によると、家族には「俺の人生は大和で終わった。戦後はおまけで生きている」と口癖のように言っていたという。昭和五十一年（一九七六年）に六十九歳で亡くなるまで戦死者の慰霊に力をつくす後半生だった。

伊藤家では、ちとせと二女の淑子が、森下らを応接間に迎えた。

窓越しに見える桜はすでに葉桜となっていた。しかし伊藤の手作りの花壇には、かれが植えていったチューリップやアネモネなど、季節の花がまだ散り残って咲いていた。

森下は、まず携えてきた伊藤からの、妻や娘たちそれぞれにあてた手紙をちとせに手渡した。徳山の海軍港務部を経て呉の鎮守府に預けられていたものである。

手紙を手にしたちとせは、開封すると一瞬、険しくかつ不憫そうな表情をみせた。

森下は、それを見て驚きともため息ともつかぬ声をあげた。

「長官は、あの慌ただしい中でよく遺書をお書きになる時間がとれましたね」

森下は、四月五日から六日にかけての出撃前夜、不眠不休の伊藤の激務の様子をみていた。それだけに伊藤が遺書を残していたことに、素直に驚かざるをえなかったのである。

森下にしても艦長の有賀にしても、あのとき遺書を書く時間的余裕も、また心の余裕も持ちえなかったのである。有賀艦長の遺書は、日米開戦の直前に戦死の場合の開封を命じて妻の好子に託した、「大和」出撃の三年半前に書かれたものだった。

森下と石田は、「大和」の艦上での伊藤長官の最期の様子を語った。このとき十五歳だった淑子は、父の最期の様子を懸命に聞きとろうとした。

「長官は、『大和』の轟沈まで、砲煙弾雨の中、終始、腕を組んで巌のごとく鎮座して、動じることなく九州男児の面目躍如たるものがございました」

森下は、指揮官としての伊藤の冷静沈着な不動の態度を誉めた。

艦橋での伊藤の一挙手一投足を目撃したものが、森下をはじめ皆一様に語っているのは、四月七日午後十二時三十分頃、米軍およそ四十機による第一波攻撃の開始後、第一艦橋右舷側の長官席についていた伊藤は、戦況をみつめたまま沈黙、微動だにしなかったことである。

雲の間から胡麻をまいたような敵機の大群が殺到してきた。伊藤は艦隊の陣型の変換、変針変速などいっさいを有賀艦長の指揮にまかせた。森下参謀長の上申にも、ただうなずいて行動を是認し、終始、部下に信頼を寄せていた。伊藤は、差し出がましいことは一切言わず、この期に至っても微笑さえ絶やさなかった。攻撃による損傷が激しくなって「大和」の警報機に赤ランプがつき、けたたましく鳴りはじめた。

このとき、伊藤は一度だけ艦長とともに防空指揮所へあがってきた。そして有賀艦長に、

「とにかく艦《ふね》をよろしく頼む」

と、一言声をかけたきりふたたび艦橋に戻って行った。

薄雲におおわれた上空からは、まもなく第二波、第三波につづく第四波、第五波、小休止の後、第六波から第八波までたてつづけに三百八十一機の敵機が来襲した。その間、艦橋では、艦長、航海長らの戦闘指揮、操艦回避の号令、命令、砲門の轟音と火焔、空をおおう米軍機の爆音などが入り乱れた。阿鼻叫喚《あびきようかん》、生き地獄の中で爆弾、機銃弾、そして魚雷が「大和」に集中炸裂したのである。

「『ここをやられたらいかんというところに敵は撃ってくる、結局、魚雷を、左舷のここをやられたら駄目だというところへ命中させる、相当に凄い戦いになりました』

と、森下さんはおっしゃいました」

淑子が六十七年前の日を語る。森下が報告する間、ちとせは黙ってうなずいて聞い

ていた。

いよいよ「大和」の最期が近づいてきた。午後二時をすぎて、大和は大きく左へ傾き、艦の中央部から後部へかけて大火災を起こしていた。

敵機の攻撃は、ますます勢いづいてきた。二時二十分、「大和」の左舷傾斜は、四十五度ほどになり、復元不可能という艦長の報告があった。

艦橋では参謀たちが集まって最後の作戦協議が行われた。

森下参謀長は伊藤に、

「長官、もうこの辺で良いと思います」

とのべた。伊藤は、

「そうか、残念だったね」

とつぶやくように言った、という。

そして伊藤長官は、ここで重大な決断を下した。

全艦に「特攻作戦中止」の命令を発した。命令のうらには「生存者を救出せよ」という深い意味がこめられていたのである。

現地司令官の独断で特攻作戦を中止するという、前例のない撤退命令が出された。出撃に際して連合艦隊草鹿参謀長に言質をとっていたことを実行に移したのだった。

作戦統帥の命令系統からいえば、本来は連合艦隊司令長官の命令がなければ作戦の中止はできない。

ちなみに陸軍でも似たような事例があった。昭和十九年六月、インパール作戦の途中で、第三十一師団長の佐藤幸徳中将が、牟田口廉也第十五軍司令官の無謀、愚劣なる作戦に抵抗、途中「独断撤退」して抗命の大問題をひきおこしたことがあった。

だが、伊藤の場合は、出撃間際に「大和」へ説得に来た草鹿参謀長に、特攻作戦が途中で挫折した場合の判断を質《ただ》していたことは、前章に記した。これに対して草鹿は、

一意敵殲滅《せんめつ》に邁進《まいしん》するとき、かくのごときことは自ら決することで、ひとつにこれは長官たるあなたの心にあることではないか。もちろん連合艦隊司令部としても、そのときにのぞんで適当な処置はする。（『連合艦隊参謀長の回想』）

と、作戦中止の判断を伊藤に委ねたのである。

草鹿からあえてこの言質をとったところに、沖縄特攻作戦に反対した伊藤の深謀遠慮があった。伊藤長官の作戦中止命令につづいて、「総員上甲板！」の号令で、「大和」からの乗組員の退艦が命じられたのである。

伊藤は、最期に臨んで参謀たちに言った。

「私は残るけれど、お前たちはすぐ駆逐艦を呼んで移り、艦隊を収拾しろ」

これは厳命であった。

この時点で、第二艦隊にはかろうじてまだ駆逐艦「冬月」「初霜」「雪風」の三隻が残存、一方「涼月」は大破していた。残存艦艇には、生存者および海上に漂流中の兵士の救助が命じられたのである。

伊藤長官のこの命令が、全滅した「朝霜」の乗組員（三百二十六名）を除いて、「磯風」の全員（三百二十六名）、および「大和」以下の海上に投げ出された第二艦隊の将兵ら約千七百名余の命を救うことにつながった。

第二艦隊司令長官としての伊藤の決断は、「大和」出撃前の七十三名の少尉候補生につづき、沖縄海上特攻部隊の将兵たちのかけがえのない命を、二度も戦後へつなぐことになったのである。

しかし、非情の海で下された伊藤長官の、この重大な決断のもつ意味について、人々が気づくのは世の中が落ち着いた、戦後もずいぶんたってからのことであった。

第二艦隊の巡洋艦「矢矧」艦長だった原為一大佐が、昭和四十二年、月刊誌『丸』三月号に寄稿した「旗艦大和と運命をともにした〝静かなる長官〟」という伊藤の最期を語った一文がある。

それはイギリス東洋艦隊の旗艦「プリンス・オブ・ウェールズ」の司令官フィリップス中将が、マレー沖で日本海軍機に撃沈されたとき、従容として艦と運命をともにした最期を、伊藤長官に重ねて想起したものだった。フィリップスは、幕僚たちのつよい退艦要請に“No, thank you!”と答え海の藻屑と消えていった。以下は、原艦長の追想である。

〔伊藤長官の〕「特攻作戦中止」の厳命により、大和の生存者および海上に漂流中の将兵の約三〇〇〇名が救い出された。私もその一人であった。寡言の伊藤長官は〝ノー・サンキュー〟に類する名句こそはのこさなかったが、父子が相たずさえて〝身を殺して仁をなす〟悲壮偉大になる行績《ママ》にさえ、深い反応を示し得ないほど当時は、日本国民全体の涙が枯渇していたことはあまりにも悲痛であった。

息子の叡とともに国に殉じた伊藤長官の死の意味を、顧みる余裕さえもなかった終戦直後の世相を嘆いたのである。

石田副官は、伊藤に一緒に退艦するよう執拗にせまった。

「長官、死んではいけません。一緒に行きましょう」

「私は残る、君たちが行くのは私の命令だ。お前たちは若いんだ、生き残って次の決戦にそなえよ」

と、伊藤は決然と言い放った。後に「伊藤長官の最期」を報告した宮本砲術参謀もこの瞬間を見ていた。日頃の伊藤の温顔が、これまで誰も見たこともないような怒りの形相に変わっていた。

参謀たちは、後ろ髪を引かれる思いで伊藤長官と別れの握手を交わした。参謀たちひとりひとりの手を固く握りしめた。大きく傾いた「大和」の艦橋では、立っているのも困難となった。

伊藤は、握手を終えると壁を伝いながら艦橋下の長官室の方へ向かって行った。

石田副官は、立ち去る伊藤を追いかけようとした。

するとこんどは、森下参謀長が、「貴様は行かんでもよいっ！」と叱声を浴びせて石田を甲板に引きずり倒した。

「石田副官は、私が押しとどめたのですけど、長官ははたして私室までたどりつかれたかどうかはわかりません。大きな爆発音が聞こえましたから。あるいは……」

森下はここで言葉を止めた。ちとせは瞬きひとつせずに、脳裏にその光景をたぐろうとした。ちとせには戦場の様子は、想像さえできなかった。だが、苦境に立つ夫の姿は追憶の中で幻想的によみがえっていた。

激闘約二時間、戦艦「大和」では艦橋にも炎が回って火の海となった。十数発の魚雷と多数の爆弾の投下を受け、「大和」の傾斜が百二十度に達したとき、大爆発がおこった。やがて七万二千トンの巨艦は、天に沖する火の玉となって海中に姿を没した。二時二十三分頃のことであった。

豊田連合艦隊司令長官から、沖縄特攻作戦の中止命令が発せられたのはその二時間後、午後四時三十九分のことである。

一　第一遊撃部隊ノ突入作戦ヲ中止ス
二　第一遊撃部隊指揮官ハ乗員救助ノ上佐世保ニ帰投スベシ
（GF電令作第六一六号）

命令では、第一遊撃部隊（第二艦隊）の突入作戦の中止、乗員の救助、残存艦艇の佐世保への帰投を命じていた。伊藤長官の決定を追認したのである。それは伊藤の命令を受けた残存艦艇、駆逐艦「冬月」「初霜」「雪風」による必死の救助作業がなされつつあった頃だった。

戦艦「大和」の海上特攻作戦が完全な失敗に終わった結果、第二艦隊の「第二水雷戦隊戦闘詳報」(旗艦「矢矧」)ではつぎのような戦訓をまとめている。

特攻部隊の使用に当りては　如何に九死一生の作戦にありても目的完遂の道程に於ては最も合理的にして且自主的なる如く細密なる計画の下に極力成算ある作戦を実施する要あり。思い附的作戦或は攻略的作戦に堕し　貴重なる作戦部隊を犬死せしめざること特に肝要なり。

(『戦史叢書93』)

「大和」の海上特攻という思いつき作戦の強要を命じた海軍中央、連合艦隊司令部および軍令部に対して、これは痛烈な皮肉と一矢を報いる箴言《しんげん》となった。

四月三十日、天皇は、拝謁した米内光政海軍大臣に「天号作戦に於ける大和以下の使用法不適当なるや否や」と、御下問を発した。

これを受けて人事局長の三戸寿少将と軍令部富岡第一部長が、奉答内容を協議した結果、つぎのような結論に達している。

突入作戦は(中略)計画準備周到を欠き　非常に窮屈なる計画に堕したる嫌あり作戦指導は適切なりとは称し難かるべし。

(同前)

二　「いとしき　最愛のちとせどの」

さて、森下参謀長と石田副官の報告が終わったとき、応接間の時計の針は午後三時を回っていた。覚悟はしていてもちとせにとってはあまりにも悲惨で衝撃的な事実であった。ちとせと淑子は、やっとの思いで辞去する森下たちを玄関先に見送った。

玄関のドアが閉まるとほぼ同時に、廊下を駆け出すちとせのスリッパの音がした。着物の裾がはだける音がそれに重なった。来客中、応接間の隣の部屋にいた三女の貞子は、驚いて部屋の襖をあけて顔をのぞかせた。廊下の奥には、仏間にたどり着く前にくずおれた母の姿があった。淑子は、そのまま自分の部屋に入ると泣き崩れてしまった。

ちとせはやっとの思いで家の一番奥まった八畳の仏間に駆けこむと夫の遺書を開いた。いとしい夫の筆跡が目に飛び込んできた。素早く読みはじめた。最初は黙読で、つづいて声をあげて読んだ。このときの母の姿を目の当たりにしていた貞子は言う。

「母は、声を出して何回も何回も繰り返し読んだのです。いや、その後は何万回も読んだという表現があたっているかもしれません」

遺書は文章こそ短かったが、罫紙に毛筆で流麗な文字であった。そこには夫から妻への深い感謝と愛情があふれていた。

此度は光栄ある任務を与へられ　勇躍出撃　必成を期し殊死奮戦　皇恩の万分の一に報いん覚悟に御座候

此期《このご》に臨み　顧みると吾等《われら》二人の過去は幸福に満てるものにして亦私は武人として重大なる覚悟を為さんとする時　親愛なる御前様に後事を託して何等の憂なきは　此上もなき仕合《しあわせ》と衷心より感謝致居候

お前様は私の今の心境をよく御了解になるべく　私は最後迄喜んで居たと思はればお前様の余生の淋しさを幾分にてもやはらげる事と存じ候

心からお前様の幸福を祈りつつ

四月五日　　　　　整一

いとしき

最愛のちとせどの　　　　　〔傍線筆者〕

娘たちが羨《うらや》むほどの夫婦愛を貫いた伊藤から妻への感謝に満ちた誠心誠意の別れの

言葉だった。

　このとき伊藤は五十五歳、ちとせ四十四歳。

　その後、何度も遺書を読むちとせは、文章の途中のある箇所にくると必ずたちどまった。

　ちとせは、遺書の「お前様の余生の淋しさを」のくだりになると、読むたびごとにいつも同じ繰り言をつぶやいた。

「なに言ってんのよ。自分だけ先に逝って。余生だなんて。私は、まだ若いのよ」

　これからの長い人生を思うと、戦死した夫への、四十四歳のちとせの、これは精一杯の当てつけであり愛情表現だった。貞子は言

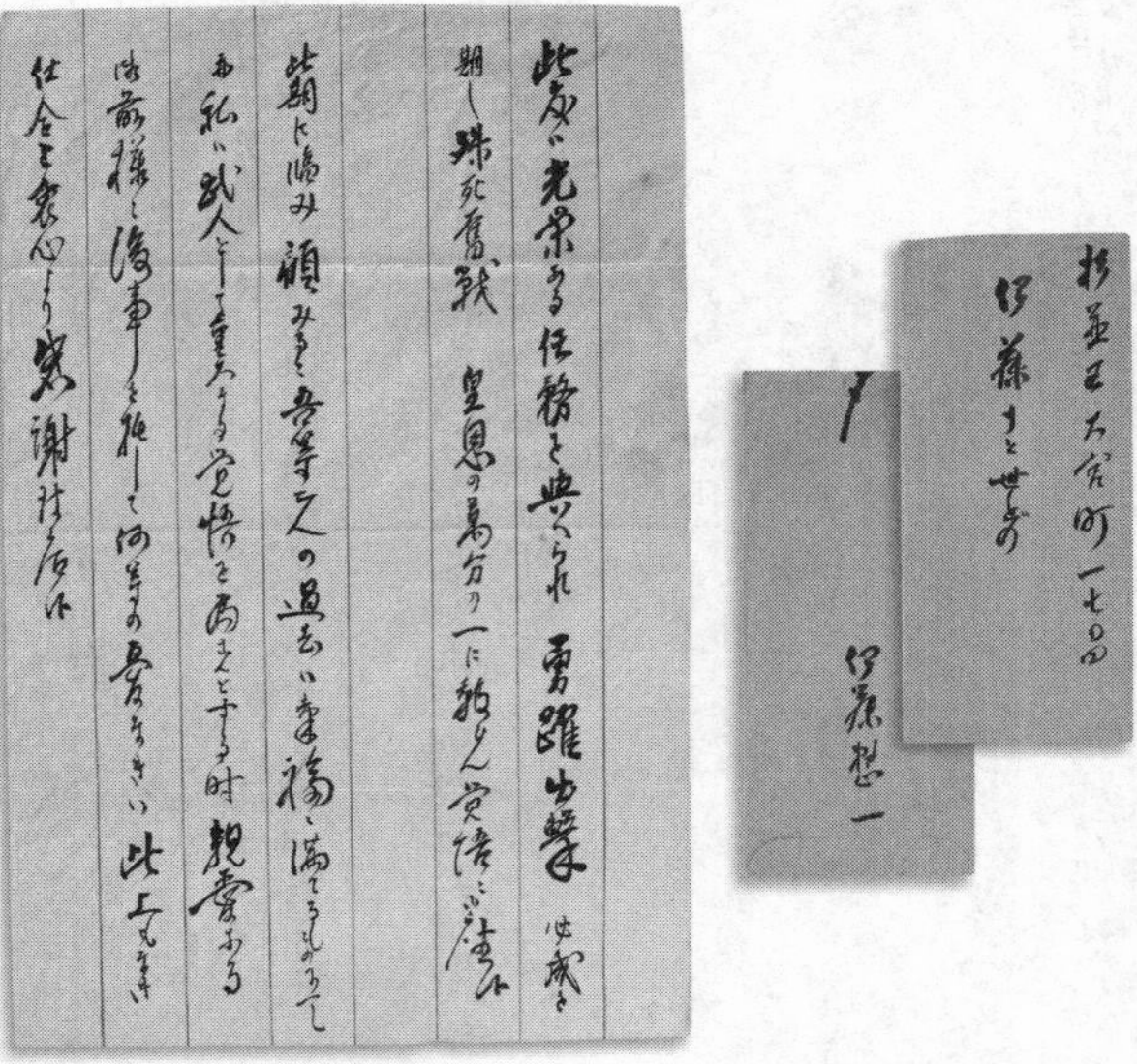

う。

「母は、余生というのが気にいらなかったんです。父は必死に書いたと思うんです。それはもう、母を想い、どんなに悲しむだろうと思うから少しでも慰めてやりたいという優しい気持ちから、父としては自分たちは幸せで、これ以上の幸せはなかったと、母への想いが遺書に見てとれるんです」

伊藤が家族に遺書をしたためた四月五日といえば、杉並の家の桜もそろそろ満開の季節であった。まだ若桜ではあるが、表玄関から正門に通じる砂利道の片隅に植えた桜もその頃は、見事に春を運ん

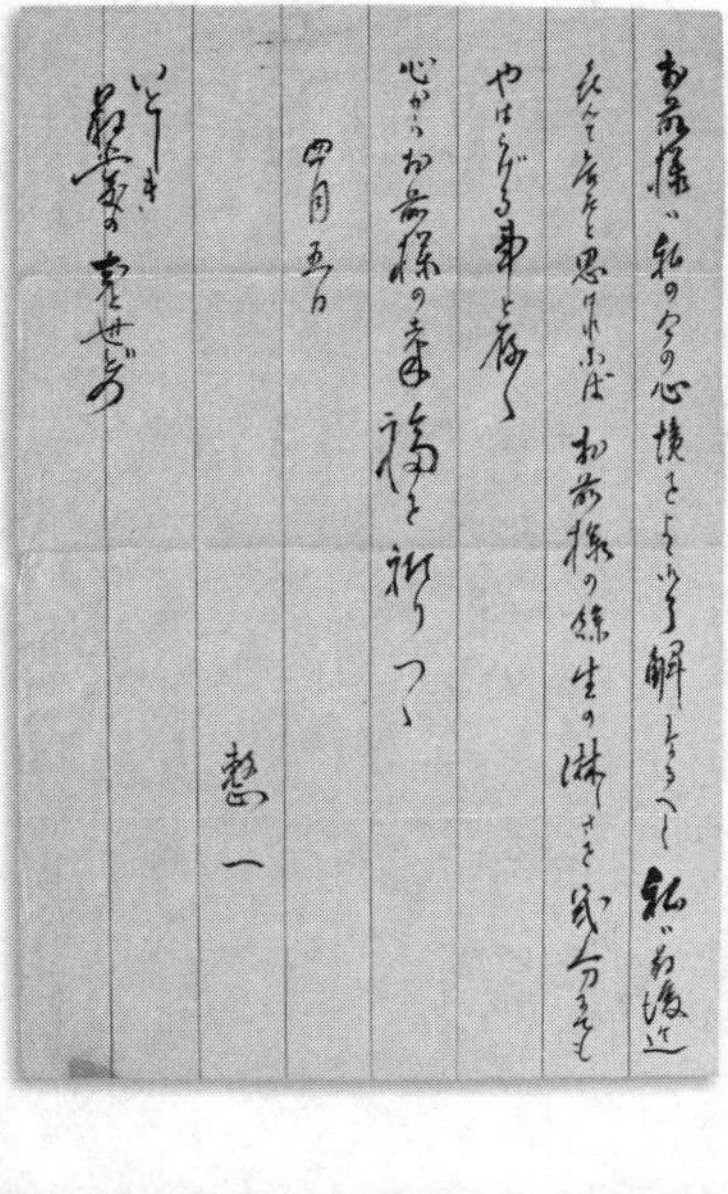

で来るようになった。植えたときにはまだ伊藤の背丈ほどのソメイヨシノだった。

前年の暮れ、伊藤が第二艦隊司令長官として広島県の呉へ向かう日の朝、妻と娘たちが見送ってくれたときも桜の木は一緒だった。真冬のこととて、衣を脱いだ若木は寒々として立っていたが、すでに春の支度をなしつつあった。

遺書を書く伊藤には、最愛の家族との辛い別れの情景とともに桜の木が浮かんでいたはずである。

表玄関のテラスから長い砂利道を通って大谷石の正門に近づいたとき、妻のちとせが、精一杯の笑顔を作りながら言い放った言葉がある。

「負け戦だったらお家に入れませんからね」

悲しみを隠しつつ妻から夫への愛情に満ちた惜別のひとことだった。

伊藤は、十五歳の二女淑子、それに十三歳の三女貞子にも最後の筆をとった。当然ながら、かれは娘たちが生まれてこの方、子どもを叱ったことは一度もなかった。当然ながら子どもたちにも父親から叱られた記憶は全くないという。伊藤はいつもニコニコと笑顔で接して、心から娘たちを慈しんでいた。

娘たちにはぜひ母親の後ろ姿から女性としての生き方を学んで育って欲しいと願っていた。短い文章の中にもその思いが強くにじみでている。

淑子さん　貞子さん
私は今、可愛い貴女たちのことを思っております。そうして貴女たちのお父さんは、お国の為に立派な働きをしたといわれるようになりたいと、考えております。もう手紙を書かないかもしれませんが、大きくなつたら、お母さんのような婦人になりなさいというのが、私の最後の教訓です。御身大切に

父より

四月五日

父の遺書について三女の貞子は、今こう語る。

「わたくしなんか子どもだったし、字面の裏まで読めないから、これは簡単だと最初思っていたんですけど、実は内容は深いんですね。やはり父は一生懸命考え抜いて書いているんですよ。相手は小さい子どもだし、その子に父親が亡くなるということを、どうやって書き残したらいいか、遺書だし、だからあれほど簡単なものになったのだなぁ、ということが大人になってよくわかりました」

遺書には父親の深い愛情がこめられていたことを悟ったのである。

最後は、長女の純子夫妻にあてたものであった。

出撃準備の慌ただしさの中で、伊藤には、もはや時間は残されていなかった。それでも長女に父の思いの一筆を遺そうとした。

正嘉
純子　　殿
色々考へたが貴殿　貴女達には特に訓《おし》ふる必要もないから今迄通り
仲善く幸福の生活を営む事を祈つて居ります
　　　　　　　　　　父より
四月五日

わずかな時間の中で、しかも妻と娘のそれぞれに宛てた三通の遺書。伊藤の家族愛の深さがなさしめたものだった。

これまでにも、伊藤は「大和」から、四人の子どもたちそれぞれに艦上生活の自身の近況を伝えながら、さりげなく最後の手紙を書き送っている。戦況が逼迫するなか、内容は家族に平穏無事を伝える慈愛に満ちた親心があふれていた。毛筆で平易な文章。市販の便箋と封筒を使っているところは、公私のけじめに厳しかった伊藤の几帳面な一面をのぞかせている。

三月三日、新婚後一年も経っていない長女の純子への手紙は、ひな祭りにかこつけていた。

> 今日は三月三日ですから、娘達三人に手紙を書かうと思つて筆を取りました。桃の節句であらふと艦の中はいつもと少しも変つた事はありませんので、実のところ、書く材料はありません。寧ろ今日は三月三日と気がついたのが不思議な位で、あまりよいお天気で海上も静かで気持の好い日でしたから上甲板に出て新鮮な空気を胸一杯吸つて、扨《さて》こんな好い日は何日であろふかと思ったので、気がついた訳です。山中暦日なし〔山中に閑居するものは歳月の過ぎるのも忘れて、のんびりと生活する〕と申しますが、それでも山では春になれば花は咲き鳥は歌ひ季節を知らして呉れますが、海の上は春夏秋冬何の変哲もありません。

とりとめもない内容の書き出しである。つとめて平静と手持ち無沙汰を装って安心感を抱かせようとしているが、後段に至ってさりげなく海軍士官の妻となった娘への訓戒と遺言を匂わせている。純子も父からこのような唐突な手紙をもらったのは初めてだった。

兎に角私は至って元気で健康は上々、一意艦務に邁進して居ります。（中略）先程申した様に心中悠然たりや否やは多少疑問ありとしても、元気で愉快にやって居る事には相違ありません。（中略）お二人共元気で楽しく御過しの事と推察して安心致して居ります。物資は欠乏しても配給は不充分でもそれが生活の全部ではありません。もっと大切なものがある事は百も御承知の通りで、要は努めるにあります。心して御仕へなさい。正嘉殿には私から特に手紙も出してありませんので其許様から宜敷御伝え下さい。（中略）
それでは是にて筆を擱《お》きます　草々

父より

三月三日

手紙を手にした純子は、すでにこのとき父のひそかな覚悟を直感した。その心情を思うと自然と涙が頬を伝わってきた。この手紙はまさに遺書だったのだ。一家をなしているふたりにはあえて押しつけがましい遺言は控えた。それは日頃の伊藤の慎みをもった性格と思慮深さからきたものだった。だから、伊藤は、純子夫妻への遺書では多くを語らなかった。

森下参謀長と石田副官が伊藤家を辞去した後、ちとせは、四日市の純子夫妻にあてたふたりへの遺書を預っている旨を伝え、夫への思慕の情を切々と書き綴った。

思へば本当にやさしき父よき夫でした。私ほど幸福なものはないと感謝いたして居ります。二十四年の結婚生活夢の間に過ぎた思ひですが、楽しき事うれしきこと山々ありますの。これからは思ひ出くりかへし〲写しんと語らひ、最後の主人の御心にそふ様につとめたいと思つて居ります。

お二人様にも出撃直前にかきのこされた一筆の御手紙があります。御目もじの時におわたし申し度いと思つて居ります。又御最後の御様子もその折にゆづります。妹二人は朗らかですから御心配なく

お大事に　母

伊藤が、後顧の憂いなく安心して国に命を捧げられるのは、心からちとせのおかげだと遺書に真情を吐露したことにまったく偽りはなかった。

ちとせは、出撃にのぞんでこれだけの感謝を遺していった夫に、かえって未練が日毎に募るばかりだった。毎夜、夫の写真を抱きしめて寝た。そして明け方目を覚ます

と枕をびっしょりとぬらしていた。

この頃、ちとせは、すでに叡までが戦死していたことなど、まだ知る由もなかった。弔問に訪れた夫の海兵同期の高官から、四月二十六日の時点で、鹿屋で叡が元気に隊務に励んでいる旨を聞いていたからだ。半ばあきらめてはいるが、せめて叡には生き延びて欲しいという切ない願いがいっそう募ってきたのである。

暗夜に、希望の拠り所となる一灯がまだかすかに灯っていた。

三　戦場からマーガレットへの手紙

米軍第五艦隊司令長官スプルーアンスは、戦場から妻のマーガレットに戦況を知らせる手紙を伊藤と同様、絶え間なく書き送っている。現在、ロードアイランドの米国海軍大学にそのすべてが残されているが、かれは愛妻への便りによって戦場の孤独を慰めていた。

硫黄島の戦場からは摺鉢山《すりばちやま》の頂上に翻る有名な星条旗の写真を一枚そえて「これはこの戦争が生んだ最も素晴らしい写真だ」と、激戦のあとの感動を伝えている。そして四月一日に米軍が上陸作戦を敢行した沖縄からは、戦況の目途がつきはじめた頃、マーガレットにつぎのような手紙を送った。

ここは非常に美しい豊かな島だ。住民は土地に密着して生活しており、農耕に優れ、たくさんの子供をもっている。しかし、その他の点においては従順な連中である。汚れているのは中国の影響であろう。婦人が仕事の大部分をするということだが、それは日本軍が男子を一人も残さず、働ける年齢の女性もほとんど残さなかったからだ。住民の大部分は老人と女性であり、母親と幼い子供たちだ。すべての島において、哀れな住民たちは一般に何も知らない傍観者に過ぎないし、われわれの争いには関係もないのにいちばんひどい目にあっている。

（『提督スプルーアンス』）

スプルーアンスは、日本軍の戦争に巻き込まれた沖縄の人々への優しい眼差しと同情を伝えている。

レイモンド・スプルーアンスとマーガレット夫人は、エドワードとマーガレットというふたりの子どもに恵まれた。

息子のエドワード、および母と同じ名前をもった娘のマーガレットがすでに他界した今日、かれらの子どもたち、つまりスプルーアンスの孫の五名が健在である。

息子のエドワードは、一男一女を、娘のマーガレットは、海軍の軍人と結婚して二男一女をもうけた。結婚したときマーガレットは、ある大学の唯一の女性教師だった。

マーガレットの長男のデイビッドが、スプルーアンスが晩年を過ごしたカリフォルニアの風光明媚な観光地モントレーの近くの、ゴルフ場で有名なペブルビーチの一画に、祖父の家を譲りうけて現在も住んでいる。

訪れたとき、事前に懇切丁寧に自宅への行き方など教えてくれたデイビッドは、祖父の長身痩軀とは異なって、米国人としては小柄で小太りの人物だった。緑に囲まれた屋敷には、スプルーアンスが作った農機具用の納屋と温室が、当時のままに保存されていた。

五人の孫たちの中でアトランタに住むエドワードの長女のエレンが、一九四五年生まれで最年長だ。孫たちの全員が戦後世代である。

エレンとデイビッドは、戦後長らく祖父母と一緒に暮らす機会に恵まれたが、スプルーアンスは、伊藤と同じく戦争のことは家庭ではほとんどしゃべらなかった。フィリピン大使時代の三年間を除いて公職との縁を一切断ったかれの戦後の生き方からして、敢えて避けていたと言ったほうが正しいのかもしれない。

戦争中、あれほど頻繁に妻へは戦場のことを書き送ったのに、戦後は、生来の無口がさらに戦争については口を閉ざした。敵国を相手にそれほど激しく悲惨な戦いをつづけてきた反動なのかもしれない。したがって孫たちには、太平洋戦争の時代のことは全くといってよいほど伝わってはいない。

二〇一〇年、海軍大将の名にちなんで命名された誘導ミサイル駆逐艦「スプルーアンス」（USS　SPRUANCE　DDG111）が就役時、艦内に記念の展示室が開設された。このとき、孫たちの協力によって個人的な資料や遺品はすべて同艦に提供された。その孫たちも残念ながらスプルーアンスと、戦艦「大和」や伊藤整一司令長官とのかかわりなどについては、初耳だった。

日本で海軍省が、戦艦「大和」が沖縄への海上特攻で撃沈されたことを発表したのは、八月六日。広島に原爆が投下された日だった。戦死した伊藤司令長官の大将への進級と将兵の殊勲を称える連合艦隊司令長官の布告とがなされた。激戦から四ヵ月後、しかし戦艦「大和」の艦名は伏せられたままだった。

スプルーアンスも、かれの機動部隊が撃沈した戦艦「大和」の司令長官が伊藤整一であったことをいつ知ったのか、それはわかっていない。

孫のデイビッドもこちらが提供した情報によって、祖父についてあらためて強い関心を示したほどである。

一九四一年の真珠湾攻撃のとき、祖母マーガレットは、まさに真珠湾にいて日本軍機の攻撃を目の当たりにした戦争体験をもっている。だが、祖父のスプルーアンスと同じように夫人は日本人を非難することは全くなく、むしろ尊敬の念さえ抱いていたという。

「もしかしたら、伊藤さんとのお付き合いが、祖父母をそのような気持ちにさせたのかもしれませんね」

と、デイビッドは言った。アメリカから帰国後、伊藤の自宅の机の上にあった米人将校の写真が、スプルーアンス提督のものだったかもしれない、また伊藤の娘の洋服も祖母マーガレットが選んでくれたものかもしれない、と伝えるとデイビッドは、

「ぜひそうあって欲しいですね」と応じた。以上は、余談である。

四月五日、沖縄上陸五日目のスプルーアンスは、マーガレット夫人に、こう手紙を書き送った。この日は、ちょうど戦艦「大和」に沖縄特攻命令が下された日でもあった。

沖縄におけるわが軍の上陸は、われわれが望みうる最良の場合以上にうまくいった。（中略）日本軍は、わが艦隊に対して夕方から夜明けまで、月明かりの夜、一晩中絶えず少しずつ攻撃してきた。それは大変煩わしく、わが方の艦艇も傷つ

いたが、これまでのところ、それはこの作戦の最終的な結果に影響を及ぼすようなものではない。

われわれは現在、日本軍から最も重要な島を占領しつつある。そして、日本の当局者も国民に対して、今日本が重大な苦境に立っていることを認めている。

（同前）

四月六日、日本海軍は「菊水一号作戦」を発令して航空機による沖縄総特攻を開始した。この日、スプルーアンスは、日本軍航空部隊の攻撃とともに日本軍の残存艦隊が日本本土から出撃して、沖縄における米国艦船を攻撃するものと判断していた。そこで航空機による哨戒と潜水艦による監視を厳重に行うように命じていた。

スプルーアンスの判断の正しさが立証されたのは、四月六日の夜である。

浮上した米潜水艦が、日本の艦隊を発見、午後八時十分頃、「大和」でも敵潜水艦の接近に気付き、敵潜がグアム基地あてに発した緊急通信から「大和」が発見されたことを確認した。通信は多くの護衛艦を伴う日本の大型戦艦が九州東海岸を航行中というものであった。

その夜、スプルーアンスは出撃艦隊の旗艦が「大和」らしいとの潜水艦からの続報を確認すると、攻撃することなくそのまま追跡を命じた。敵艦隊が、瀬戸内海の基地に逃げ帰るのを懸念したのである。スプルーアンスは、この戦闘が砲戦による最後の艦隊決戦となると判断した。そこで、同夜半、戦艦部隊を率いるデイヨ少将に決戦部隊としての出動準備を命じたのである。スプルーアンスも伊藤と同じく、戦艦の経歴が長く、用兵上はまだ戦艦重視の未練をひきずっていた。

一方、高速空母艦隊である第五十八機動部隊司令官のミッチャー中将へは、戦闘中にカミカゼ機が来襲した場合に備えて、機動部隊を哨戒と艦隊防禦のために使用することを伝えた。

しかし、この作戦に反発した航空作戦の古強者《ふるつわもの》のミッチャーは、ひそかに麾下の機動部隊によってこの巨大戦艦を葬る意志を固めていた。そこでミッチャーは、デイヨの艦隊に先をこされぬように沖縄東方海上から、高速機動部隊の北進を急がせた。

そしてついに、七日早朝、空母「エセックス」から飛び立ったミッチャー部隊の索敵機の一機が、午前八時十五分、鹿児島県坊ノ岬の沖合の海上を高速二十二ノット、「大和」を中心にして輪形陣で西進中の第一遊撃部隊（第二艦隊）の十隻を発見したのである。

「大和」が九州南端を真西へ向かっていたことが、スプルーアンスの判断を一時ためらわせた。「大和」が沖縄ではなく基地変更のために佐世保に回航しているのかもしれないとの迷いを生じたのである。

追撃すべきか否か、スプルーアンスの戦術にいっときの空白が生じた。

このとき、戦機の喪失に苛立ったミッチャーは、スプルーアンスあてに緊急電を発信した。

「貴方において攻撃されるや、あるいは当方において攻撃すべきや」(Will you take them or shall I?)

この怒りをふくんだ詰問調の電文に、スプルーアンスは、決心した。

「貴部隊において攻撃されたい」(You take them)

後に戦争史上もっとも短い作戦命令として有名になった返電である。

とうとうスプルーアンスが期待した艦隊決戦が実現することはなかった。スプルーアンスは、こだわった自らの作戦を引っ込めて部下の判断に柔軟に従う度量を示したのである。


(『日米全調査　戦艦大和』)


スプルーアンスは、マーガレット夫人に珍しくユーモアを交えてつぎのような手紙を書き送った。

月は非常に面白いものだ。夜、最愛の女性と月の光を浴びながら戸外を歩き回るとき、月の夜というものはいかにも少ないように感じられる。そして、日本機が月明かりを利用して攻撃してくるときは、一か月のうちになんと月明の晩が多いものかと思われる。昨晩は大体満月に近かった。そして一晩中、間をおいては敵機がやってきた。私はいつまでも起きてはいなかった。(『提督スプルーアンス』)

スプルーアンスは、熾烈な戦いの中ですでに余裕のあるところを示している。かれは、敵が攻撃中であろうと、また自艦が砲撃中でもよく眠ることができた。

五月中旬、すでに日本陸軍の第三十二軍による組織的持久戦は終わりに近づきつつあった。五月十六日、第三十二軍は大本営に電報を発して「組織的戦略持久は終焉せんとす」と状況を訴えた。そして「武器なき二万五千の戦闘員に対する緊急兵器の輸送」と「国軍全航空兵力の沖縄周辺艦船攻撃投入」を切望したのである(『戦史叢書93』)。

この悲痛な要請にこたえるべく五月二十四日と二十五日の両日にわたり、海軍総隊は「菊水七号作戦」を実施した。

海軍総隊とは、戦艦「大和」以下第二艦隊の沖縄海上特攻で、連合艦隊が壊滅したことを受けて海上護衛総司令部、鎮守府など全部隊を糾合して作られた日本海軍最後の組織である。その戦力は人間魚雷や特殊潜航艇など特攻兵器が主力となった。「菊前）。

機）が伊江島飛行場と敵艦船を攻撃したが、予期した戦果は挙げられなかった（同

水七号作戦」では、天航空部隊（第五航空艦隊を改称）二百五十八機（うち特攻百八

こうして沖縄戦がいよいよ終局に向かいつつある最中、米軍では指揮官の交代が行われていた。六月三日、大本営海軍部は、日本向けのサンフランシスコ放送で、この重要な事実を知ったのである。この情報は、翌四日、豊田軍令部総長（五月一日、連合艦隊司令長官から転補）から早速、天皇に奏上されている。

敵は昨三日〇七三〇の『サンフランシスコ』放送に依り太平洋方面海軍作戦部隊指揮官の更迭を発表せり　即ち第五艦隊長官「スプルアンス」は、第三艦隊長官「ハルゼー」と交代　空母特別任務部隊指揮官「ミッチャー」は「マッケーン」と交代　水陸両用作戦部隊指揮官「ターナー」は「ハリーヒル」と交代し「スプルアンス」は司令部を「グアム」に設置せり

（原文カタカナ）（『戦史叢書93』）

スプルーアンスは、硫黄島、沖縄とつづいた激しい戦いを終えて五月二十七日、ハルゼー大将に指揮権を引き継いだ。そして翌日、旗艦「ニュー・メキシコ」で沖縄を

ニミッツ夫妻（前列左側の二基）と並んで眠るスプルーアンス夫妻の墓（右側二基）

去った。ミッドウェー海戦からはじまった日本連合艦隊とのおよそ三年に及ぶ長い戦争に終止符を打ったのである。

　一九六九年十二月十三日、レイモンド・スプルーアンスは八十三歳で世を去った。

　それは、一人息子のエドワードが交通事故で亡くなって七ヵ月後のことだった。その頃、動脈硬化症がかれの健康を蝕んでいた。初期の認知症も進み精神面での衰えも速かった。すでに死の床にあり意識も途切れがちなスプルーアンスは、息子の死をほとんど理解できずに亡くなった。妻のマーガレットも、息子のエドワードが亡くなった日に、ぷっつりと日記をつけるのをやめた。そして、その後日記を再開することは永遠になかった。

愛する一人息子を失った悲しみと絶望に打ちひしがれたのである。

今、スプルーアンス夫妻は、サンフランシスコ空港から車で二十分、サンフランシスコ湾を見下ろす金門橋国立墓地に眠っている。

墓地の中の、ニミッツ通りと命名された通りに沿った一等地に、スプルーアンスと妻のマーガレット、その隣には太平洋艦隊司令長官のチェスター・ニミッツ夫妻、さらにその隣には、サイパン島上陸作戦の指揮をとったリッチモンド・ターナー夫妻が、永遠の眠りについている。

生前、ニミッツ元帥が、米国海軍省に対して、太平洋戦争をともに手を携えて戦った三人が、隣り合わせに埋葬されるように希望をだしていたからだ。

米国海軍の絆は、死後も固く結ばれていたのである。

第八章
神風特攻・叡の戦死

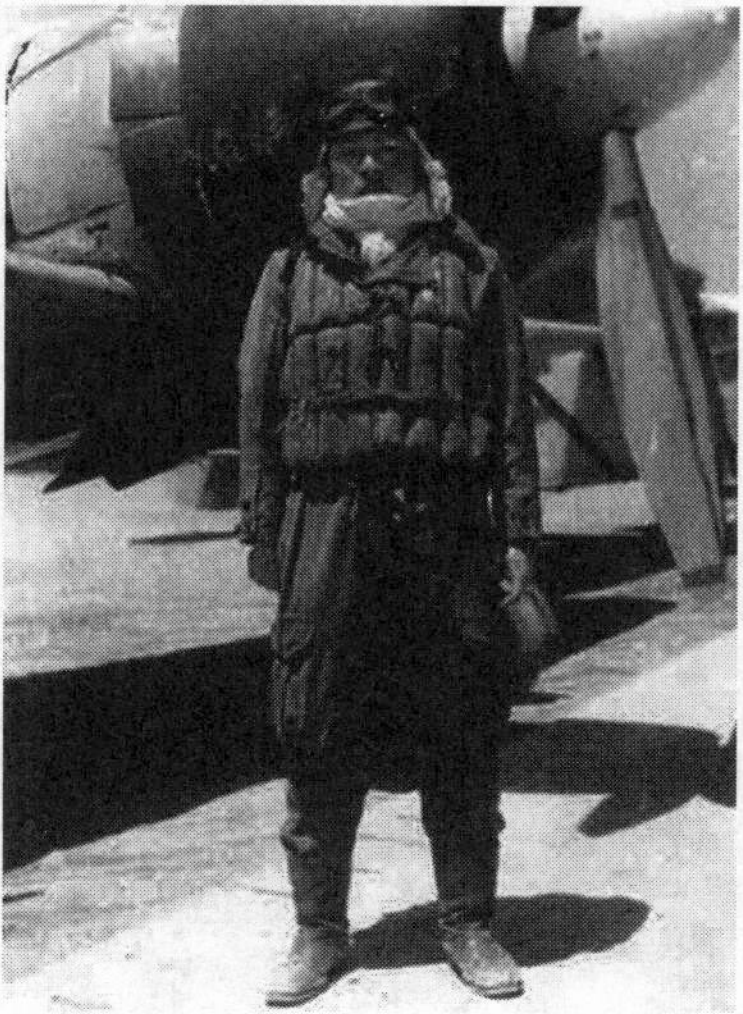

長男・叡

一　息子から届いた最後の手紙

前章で紹介した四月二十七日付、ちとせから純子夫妻へ父の戦死を知らせた手紙には、もうひとつ長女に伝えなければならなかった重大な内容があった。

御父様は軍人として立派な死場所《しにばしょ》を得られ、御本望だつた事と推《お》しております。叡は先導をしたのか、おともをしたのかわかりませんが、何れはおなじ道をゆく事と思ひます。苦しいががんばらねば出来ません。〔原文のまま〕

いずれ長男の叡も父の後を追って同じ道をたどるであろうことを、母親の直感として娘へ伝えていたのである。

叡が特攻隊に志願して戦死するのは、あろうことか、ちとせがこの手紙を書き送った翌日、二十八日のことであった。これほどすぐに不安が的中してしまったのである。ちとせが、叡の戦死を予言したのは、虫の知らせとしか言いようがない。

戦艦「大和」の出撃には、四月七日の午前六時から十時まで海軍鹿屋航空基地から飛び立った直掩機が上空から掩護した。宇垣纏司令長官の温情による配慮だった。その後は、戦闘機の掩護もない、いわば裸での沖縄特攻の途中を米軍機に襲われたのだ。直掩戦闘機の護衛は、犬死にから免れるためのなくてはならぬ傘だった。

叡については、父親の整一とも親しかった鹿屋基地の司令長官である宇垣が、「お前が死んでどうするんだ」と、特攻志願を取り下げるように何度も説得を試みたが、それに応じようとしなかったという。

鹿屋基地（後日、海軍航空隊出水基地と判明。p17）にいる叡には、戦艦「大和」撃沈の情報は、いち早く伝わっていたに違いない。叡は宇垣の説得にもかかわらず、二十八日の朝、神風特攻の直掩隊への参加をみずから名乗り出た。出撃の順番を決めたスケジュールの搭乗割の変更を申し出ていたのである。特攻機を戦場まで上空から掩護する直掩戦闘機の危険性については、特攻機とかわりはなかった。

叡は、七日の「大和」出撃の際にも鹿屋基地から直掩機に搭乗して父親の乗艦を上空で掩護していたという話も伝わっているが定かではない。

叡の最期については昭和四十三年（一九六八年）の『週刊文春』（八月十九日特大号）に関係者の証言が掲載されたことがあった。そのくだりを引用する。

この日の叡中尉を、ふとした出来ごとからはっきりとおぼえている人がいる。宮川一行中尉（現・建設会社専務）は、当時を述懐する。

「どうしたわけか、あの日にかぎって伊藤くんが私のところにやってきて、今日はオレにのらしてくれっていうんですね。この日は私の搭乗日で、彼は休みだったんです。

それで、かわるのはまずいんじゃないか、搭乗割りできまっていることなんだから、と、つっぱねたんですが、どうしても自分に乗らしてくれといって、きかないんです。シンケンそのものの顔なんですね。なん回かことわったんですが、あまりに強引なので、そんなにいわれるんじゃかわりましょうってことになったんです。死神にとりつかれていたような死にかただったですね」

宮川氏の目には、白いマフラーを巻きつけ、赤ら顔を一層紅潮させて飛び立っていった叡中尉の姿が、今でもアザヤカに浮かんでくるという。

二十八日の天候は晴れ、鹿児島上空で戦闘機三十五機が集合して、沖縄海域の米艦船の攻撃に向かった。午後二時四十五分、伊江島上空で敵機と交戦中に、伊藤中尉はそのまま消息を絶った。

戦後となって第二復員局から正式に伊藤叡中尉の戦死公報が届いたのは、およそ一

年後の昭和二十一年（一九四六年）三月四日のことだった。そこには、

「時刻不詳　南西諸島方面にて戦死」

と記載されていた。

沖縄特攻出撃の日の四月六日朝、伊藤整一が、「大和」から降ろした私物の中にひそかにしまいこまれていた一通の手紙がある。妻や娘にあてた遺書と一緒に梱包してあったものだ。

手紙は昭和二十年三月十五日の日付。長男の叡が、茨城県の筑波海軍航空隊から「大和」の父親へあてたものだった。

宛先は「大和」の機密名「呉郵便局気付ウ五五六・司令部」とされ、伊藤整一の名が記してあった。叡は、手紙を出した直後に宮崎県の富高《とみたか》海軍航空基地を経て、特攻隊の前線基地である鹿児島の海軍航空隊出水《いずみ》基地へ移っていた。

同じく沖縄特攻で父の二十一日後に戦死する叡にとっては、これが息子から父親にあてた絶筆となった。一人息子の運命を察知していた伊藤は、叡の大切な形見としてちとせにこの手紙を届けるつもりだったと思われる。

文面の書き出しの一行から推察できるのは、父親が先に手紙を出したことに対して息子からの近況を知らせる返事だった。長男の叡へも父から同じような手紙が送られていたはずだ。だが、戦死した息子はそれを今日に残してはいない。

次は叡から父への返事の抜粋である。

父上様にはその後、お変り無き御様子で何よりです。私も至って元気に頑張ってゐますので御安心下さい。内地も愈〻、第一線となり我々の張切る時が来ました。初陣にも不思議に生き残り、もう数度敵グラマンとも見参致しました。何と言つても戦争は泣かせますね。機銃をバリ〳〵発射して、命のやり取りをやるのは実に愉快です。今から訓練に訓練をかさねて必ず戦友の仇は取つてみせます。

もう大分長い間家にも帰らず東京の方はどうなつたか知りませんが多分大丈夫だろうと思ひます。筆不精で便りも出さぬので心配してゐるのではないですかね。然し「生きてる」と電話はかけてもらひました。（中略）

では御父上様にも御奮斗、御自愛の程を祈ってゐます。　さよなら

十五日　叡

御父上様

この叡からの手紙を手にして、伊藤はどのような思いにとらわれただろうか。

海軍中尉とはいえまだ二十一歳、海軍兵学校を出て二年の若者のはやる心に青臭い

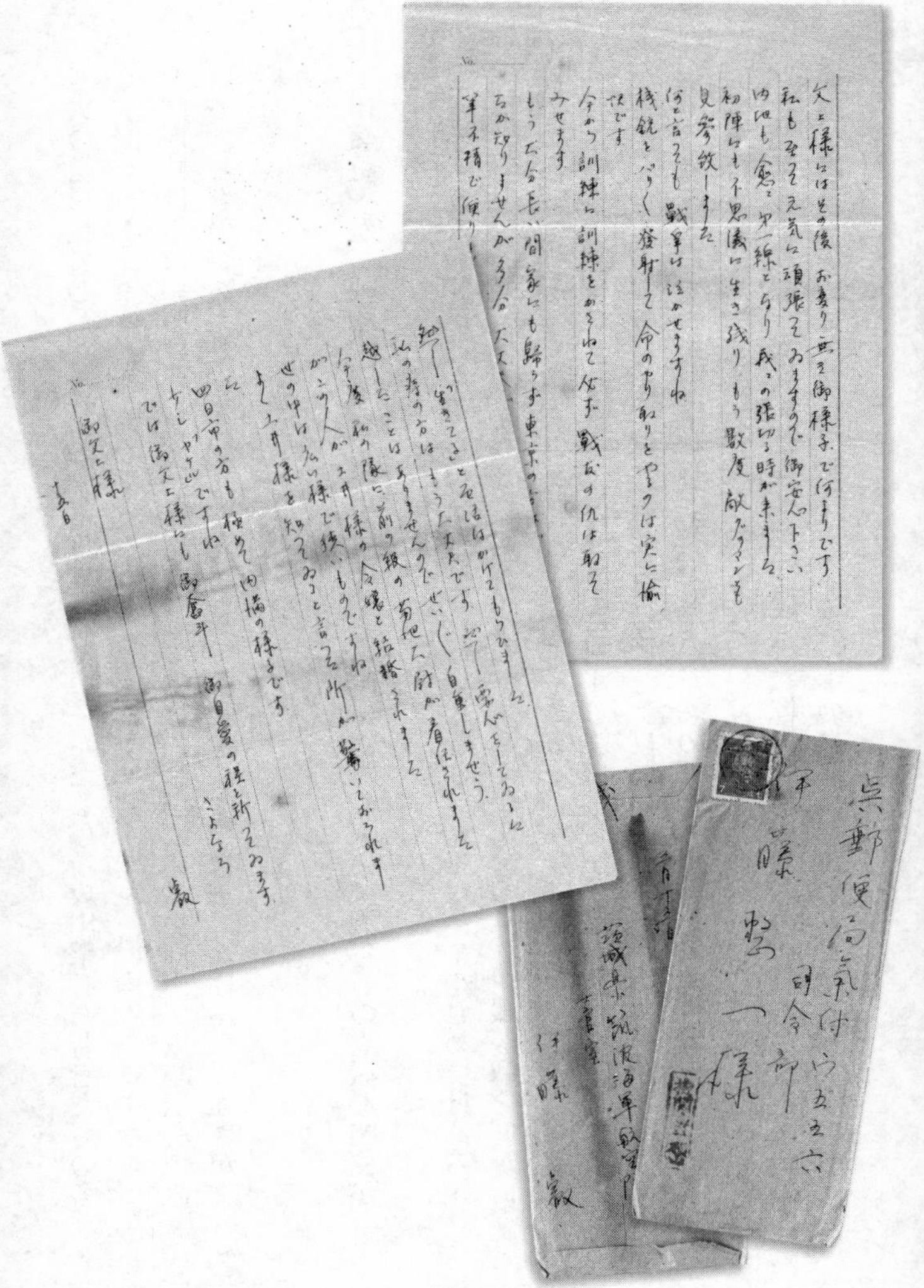
父上様にはその後お變り無き御様子で何よりです
私も至って元気に頑張っておりますので御安心下さい
内地も愈々第一線となり我々の張切る時が来ました
初陣にも不思議に生き残りもう数度敵グラマンを
見參致しました
何と言っても戦争は泣かせますね
機銃をバリバリ発射して命のやりとりをやるのは実に愉
快です
今から訓練に訓練をかさねて必ず戦友の仇は取って
みせます
もう大分長い間家にも帰らず東京の
分るか知りませんが多分大丈
筆不精で便り
私の方はもう大丈夫です
越したことはありませんのでせいぜい自重しませう
今度私の隊に前の銀の菊池大尉が着任されました
が三井様の令嬢と結婚されました
世の中は広い様で狭いものですね
まさ三井様を知っていると言った所が驚いておられます
四日市の方も極めて円満の様子です
少しヤケビですね
では御父上様にも御健斗
御自愛の程を祈っております
さようなら
御父上様
五日
敏
茨城県筑波海軍航空隊
士官室
司令部
様

匹夫《ひっぷ》の勇を見てとったとしても不思議ではない。ただし、特攻出撃した若者たちの多くが遺した悲壮かつ定型的な文章とは明らかに異なっている。最後の「さよなら」と、形式ばらない砕けた言葉の意味するところは、戦場にいる男同士、以心伝心で直感できるものがあった。死の覚悟を前にして苦脳が深くても叡の負けん気の強さが文章に滲《にじ》んでいた。

伊藤整一が、昭和十年に東京市杉並区大宮町に建てた家には大谷石の立派な門柱があった。

建築当初から正面の右手には「伊藤整一」の標札が、左手にやや小さめではあるが「伊藤叡」のそれが掲げてあった。叡は当時、まだ小学生であり、伊藤が叡をいかに跡取りとして遇し、一人息子に期待をかけていたかの証でもあった。

しかし、伊藤は娘たちと違って男の子に対する躾《しつけ》は厳しかった。

叡が、東京の府立六中(現・都立新宿高校)に合格した春休みに、一家は九州へ里帰りすることになった。伊藤は、乗艦していた艦《ふね》の都合で途中の山陽本線三田尻駅から列車に乗り込んで家族に合流した。

その頃の一家は、家族旅行のときの鉄道は二等車を利用するのが常だった。当時の旅客車両は三等級に分かれており、その真ん中のクラスである。家族の五人は車内に父を迎えて、いよいよ全員で楽しい列車の旅を過ごせるものと誰もが思った。

ところが、車内に入ってきた伊藤は、妹たちとくつろいでいた叡を目にとめると、中学生になった息子に言った。

「叡、お前は、学生の分際で二等車に乗るとは怪しからん！　三等車に移りなさい」

と、厳しく申しつけたのである。

叡はしぶしぶ隣の三等車に移らされた。中学生となったからには、息子を一人前の成人男子として扱い贅沢はさせない、という伊藤なりの厳格な教育方針を貫いたのである。

列車は、山陽本線を西へ向かってひた走りに走りつづけた。妹たちは、ひとりぼっちの兄が可哀そうになって時折、三等車をのぞきにいった。すると叡は、小躍りせんばかりに、妹たちにやれ弁当だ、お茶だ、ミカンだと喜び勇んでふるまってくれた。三等車には、ちとせも心配になってのぞきに来た。すると母の手前態度を変えて、不機嫌そうな顔をして妹たちに威張り散らすのだった。これも叡一流の照れ隠しであった。

このときから叡は、海軍兵学校を出て少尉に任官し、自分で給料を稼ぐまで旅行は三等車に徹していた。

叡は、昭和十五年十二月、中学五年在学中に海軍兵学校に入校した。叡の進学にあたっては、母のちとせは強く医学の道に進むことを願っていた。教育熱心なちとせは、かれの通う府立六中をしばしば訪れては、担任教師に息子の医学への進学指導を頼んでいた。

だが、叡は、父と同じ海軍兵学校への進学にこだわったのである。

かれは性格的には気性が激しく攻撃的でさえあった。言い出したら聞かない頑固な一面を持っていた。友人たちには親父は温厚なのに、なぜ息子は激しいのだと陰口をたたかれたほどだった。

だが、海軍兵学校の同期、上野三郎（鎌倉市・八十九歳）は別の見方をする。

「伊藤は、おとなしくて無口な青年でした。女兄妹の中に育ったからだと思ったのですが、しかし自分の父親が海軍のお偉いさんだということは、決して口には出しませんでしたね」

叡は、外柔内剛型の青年だった。

いよいよ海兵受験の季節になって、ちとせは、伊藤に進路の変更の説得を頼んだ。

「叡は一人息子だし、将来は実家の父と同じく医者にしたいんです」

医師である実家の兄の弘には後継ぎがなかった。父祖代々の医業のことを思えば、ちとせが、その道を成績優秀な叡に継がせたいという願望をひそかにいだいていたとしても不思議ではない。

だが、伊藤は妻の説得の頼みをきっぱりと断った。

「男の子には、自分が進みたいと思う道をゆかせればいいんだよ」

これには、自分が親に逆らって自らの進路を決めたときと同じ思いが重なっていたのである。

ちなみにプロローグで紹介した「第二艦隊戦没者慰霊の会」の幹事・都竹卓郎の同期である伊藤叡たち海兵七十二期についての数字がある。入学者総数六百二十五名、戦死者三百三十七名、戦死率五三・九パーセントという悲惨な運命の同期だった。

そして戦後に生き残った若者たちで経済的に恵まれたものは多くが大学に進学した。東京大学十七名、京都大学、九州大学各八名、慶応義塾大学七名、大阪大学六名、北海道大学、東北大学各四名、一橋大学、早稲田大学、明治大学各三名などである（資料提供・上野三郎）。

もし伊藤叡も生き残っていれば、母親のちとせが医者になることを強く望んでいただけに、かれらと同じく戦後は大学進学の道を選んでいたことだろう。

戦争はいかに多くの若い有為の人材を奪ったかを想わざるをえない。

叡は、母親っ子だった。母に甘え、反面、妹たちには厳しかった。

その叡が、兵学校に入ってからは性格がガラリと変わった。母や妹たちにも優しく別人のようになったと妹たちは言う。兵学校での厳しい鍛錬と男の世界が性格までも変えてしまったのである。ただし、兄が変わったと見えたのは妹たちだけであって、母親のちとせは一人息子の心根の優しさは、その幼い頃から見抜いていた。

長女の純子が高等女学校五年の夏のことである。当時純子は、その年の六月から施行された勤労学徒動員令によって製薬工場に通っていた。たまたま休暇で帰省していた叡が、その純子を夕方、帝都電鉄の西永福駅まで迎えに来てくれたことがあった。これはめったにない、おそらく初めてのことだった。

叡は、母親が仕立てた白い絣《かすり》の浴衣を着て夕闇の中に霞んで立っていた。

「たまたま散歩に出たついでだよ」

叡は、照れ隠しを言った。しかし、純子には兄がわざわざ迎えに来てくれたことがその態度でわかった。ふたりは畑の中の家路を行く。すると叡は、純子に向かって唐突に言った。

「両親を大事にしてくれよな」

一瞬、純子は兄が何を言おうとしているのか、戸惑ってしまった。

「『樹静かならんと欲すれど風やまず、子養わんと欲すれど親待たず』と言うではないか」

その頃、すでに日本は急坂を高転びに転び、戦局は厳しさを増しつつあった。昭和十八年二月、すでにガダルカナル島から日本軍が撤退を開始、五月にはアッツ島の日本軍守備隊の玉砕、七月にキスカ島より撤退。太平洋での戦争の主導権は米軍に移りつつあった。

若者たちの多くは前途への不安と諦観に支配されていた。

「俺はこの世からいなくなるのだっ！」

突然、前を歩く叡はぶっきらぼうに叫んだ。かれも自分の定かならぬ運命に呻吟していたのである。純子は、とっさに兄の心中を思って目頭が熱くなった。

伊藤家では、叡のこの夏の最後の休暇に、家族でさまざまな思い出をつくろうとした。

九月に兵学校を卒業したらいかなる運命が待っているか、次はいつ会えるのか、まったく予測もつかない時代だけに、家族は、叡との有意義な時間をつくることに懸命だった。

夏の終わりの歌舞伎見物も忘れがたい思い出の一つである。

その夜は、珍しく父親の整一が寸暇をさいて、芝居の途中から家族に合流することになった。難局の処理に忙殺されながらも無理に時間をつくっていた。

歌舞伎の上演演目は、三代目市川段四郎の「茨木《いばらき》」である。

大江山の鬼退治で知られた茨木童子《いばらきどうじ》の伝説に題材をとった能仕立ての舞台だが、歌舞伎や芝居は、日頃の伊藤の趣味からは縁遠いものであった。

この夜のちとせは、銀色の扇子を手に、丸髷を結い明石縮《あかしちぢみ》の楚々とした着物姿だった。隣に座った伊藤は、さわやかな麻の背広姿、その横には海軍兵学校の純白の詰襟制服姿の叡が居住まいを正していた。舞台正面の大きな松の木の鮮やかな緑に映えて、客席の中でも一家は、ひときわ華やいでいたのである。

演目は長唄で、役者の動きが少ない出し物だけに、芝居の筋がわからぬ伊藤には退屈なものかと思われた。しかし、媼《おうな》に化身した茨木童子の一指《ひとさし》の舞と鳴り物がたけなわになると、意外にも面白いと見えて、食い入るように段四郎の舞台にひきこまれていった。

最後の見せ場、茨木童子と渡辺源氏綱《わたなべのげんじつな》の激しい立ち回りには思わず前のめりになった。

しかし、ちとせは、長唄三味線を背に段四郎の朗々と響く台詞の合間に、夫が見せる一瞬の虚ろな表情に、心の中の心配事を見抜いていた。

このとき、ちとせ四十二歳、息子の叡は十九歳、長女純子は十七歳だった。

伊藤夫妻はこの夜、四人の子どもたちに囲まれて生涯最良の「幸せ」という名の舞台のヤマ場に立っていたのである。

やがて一家に大きな悲劇が訪れるのは、その日からわずか二年にも満たなかった。

二　流れ星のごとく

叡は、昭和十八年九月に海軍兵学校を卒業した。そして少尉候補生となって霞ヶ浦海軍航空隊に入隊した。休日にはしばしば霞ヶ浦から兵学校時代の仲間たちを大勢連れて杉並の家に帰ってきた。同期生には地方出身者が多く、かれらはちとせの美味しい手料理と座持ちのうまさに小躍りした。ちとせとの語らいを楽しみに訪れるようになっていたのである。

ちとせは持ち前の屈託のない性格で叡の友人とはすぐに親しくなった。これは江田島の兵学校時代の若者たちだけではなく、府立六中時代の同級生も同じだった。ちとせの春のような明るい性格に若者たちのほうがすぐに懐《なつ》いてきた。ちとせも友だち感覚でかれらの間に溶け込んでいたのである。

妹たちも兄の友人の来宅を喜んだ。日頃は静かな女世帯であるだけに、若者の賑やかな話し声がはずむと急に家全体に活気が漲ったからである。

昭和十九年一月のある日、叡がふたりの少尉候補生を連れてきた。ひとりは田辺光男という浜松出身の凜々しい青年だった。もうひとりは九州唐津の出身で背の高いハンサムな出雲凡夫だった。

田辺は、ピアノが得意だった。叡に勧められて応接間のピアノに向かうと藤山一郎が唄った「青春日記」（作曲・古賀政男）を上手に弾き出した。

初恋の　涙にしぼむ　花びらを　水に流して泣きくらす
あわれ　十九の　春の夢

明日の運命さえ定かならぬ若者の弾く甘いメロディーは、十九歳の同じ年頃のかれらの琴線にふれて、つい感傷的な気分にさせていた。

叡に命じられるまま、お返しに純子がベートーヴェンの「月光」を暗譜で弾くとさらに盛り上がった。純子が喝采を浴びて妹自慢の叡は鼻高々だった。出雲候補生は、ちとせの手料理に舌鼓を打った。久しぶりの家庭の味にほんとうにうれしそうだった。

賑やかに話がはずむと、時折、なぜか、ちとせは気づかれぬように座をはずすことがあった。廊下に出て柱の陰でそっと涙をぬぐっていたのである。ちとせにとっては、やがてこの若者たちが戦場に散っていく、その運命を思うと胸が張り裂けるような辛さに耐えることができなかった。

伊藤家では、一度遊びにきた候補生たちの消息を聞くことは禁句になっていた。かれらが次々に戦死していったからだ。

出雲凡夫が帰ってから数日後、ちとせに礼状が届いた。そこには見事な筆跡でかれが作った短歌が一首、万葉仮名と変体仮名を交えて書きそえてあった。

　しきしまの　花と桜の　いさぎよく
　　散る身おもえば　うれしかりけり

やがて伊藤家では叡の話題から出雲凡夫の名も田辺光男のそれも消えていった。
ちとせもあえてたずねることを憚った。

ピアノの上手な田辺候補生が戦死したのは、その年十月十五日、台湾東方海上の、いわゆる台湾沖航空戦でのことだった。「花と桜」の歌を詠んだハンサムボーイの出雲候補生は、その直後の十月三十一日。ともに二十歳だった。出雲凡夫の戦死を伝える公報には、その死亡場所は「本州南方海上」としか書かれていなかった。

かれらの死は、かけがえのない命が、まるで流れ星が次々と夜空に消えていくかのように儚《はかな》いものだった。

叡は、昭和十九年五月、海軍主計大尉の今澤正嘉に嫁いだ純子に対して、妹の慣れない生活を気づかって手紙でこまごまとした心遣いをみせている。親には心配をかけるな、泣き言は自分に言ってこい、何事にも人に礼状を出すときはハガキではだめだ、ハガキは手紙の二分の一の価値しかない、などと持ち前の情の細やかな性格の一面をのぞかせていた。

叡にとっては、可愛い妹の結婚は一抹の寂しさをもたらした。かれは感傷的な気分に浸ってアルバムに貼られた純子の結婚写真の下に自作の詩歌を残している。

死ぬべくは戦の大野
生くべくは　光あふるゝかの愛の国
黒髪長き佳き人の
姿はみえて　海は鳴る
嵐にも咲け　その花よ
清くすゞしく　いつまでも

後年、純子は戦死した兄を偲んでこう感慨を記した。

若者が誰も持つ結婚への夢を自ら断たなくてはならなかった兄。ただ死をみつめるのみの兄の青春をどう惜しんでいいのか私は言葉を知らない。

（手記「亡き父と兄の思い出」）

純子は七月に、夫の出張に伴って上京した。そのとき、筑波海軍航空隊で海軍予備学生の教官として飛行機操縦の訓練に励んでいた叡を茨城県の友部までたずねた。

世の中は、急速に暗い窮屈な時代に入りつつあった。国鉄では急行列車が減らされて一等車や食堂車が全廃された。また空襲に備えて都市住民には身許票の所持が求められるようになっていた。そして政府は一億国民総武装を決定し竹槍訓練などが本格化した。学童集団疎開の第一陣が上野駅を出発したのもこの頃だった。

純子が訪れた日、叡は仕事が忙しくわずかな面会時間しかとれなかった。与えられた時間を惜しんでふたりはお互いの近況を語りあった。

「四日市では、昼間は少しくらい淋しいかもわからぬが我慢しろよ。親というものは一言口に出せば、それの二倍くらい心配するものだよ。そのようなことは絶対に筆にするなよ」

純子が、見知らぬ土地での新婚暮らしの寂しさを嘆いたことをたしなめたのである。

「今までのようにはいかないよ。人間は一人前になるには人知れぬ苦労があるものだよ。ただ人に頼って外にそのまま表すか、内に隠しているかの違いだけだよ。何事も我慢するべきだね」

叡は、自分もずいぶん親に心配をかけてきたことを引き合いに出して妹を励ました。

ちょうど叡に夏のボーナスが出たばかりだった。

「俺は使うことはないからな、お前使えよ」

と、照れながら賞与袋をそっくり純子に手渡した。中には二百円が入っていた。この日の面会が、兄と妹にとって永遠の別れとなってしまった。

三　母との別れ

海軍中尉となった叡が、茨城の筑波海軍航空隊から突然に帰宅したのは、昭和二十年冬のある日のことだった。早朝の午前五時頃の帰宅にちとせたち家族は驚いた。まだ夜は明けきらぬ中、筑波から常磐線などの列車を乗り継いでほとんど徹夜の状態で杉並の自宅までたどり着いたようだった。

伊藤家では、二女の淑子が女子挺身隊員として勤労奉仕に出かけるため、ちとせは朝餉《あさげ》の支度ですでに起きていた。

筑波海軍航空隊で零戦操縦士養成の教官をしていた叡に、宮崎県の富高海軍航空基地を経て鹿屋への転属の命令が下ったのである。その頃富高基地には、鹿屋の後方基地として続々と特攻隊が進出していた。

この朝、叡は多くを語らなかったが、母や妹たちにひそかにお別れに来たのだ。すでに二月に神風特別攻撃隊が編制されつつあった筑波で、そこから鹿屋へ移ることは、やがてかれも特別攻撃に加わることを意味していた。

父親の整一が呉へでかける前夜に予言したとおり、叡は神風特攻に志願したのである。

戦後間もない頃、叡の兵学校以来の親友で、筑波海軍航空隊でも一緒だった桑野孝也がちとせに宛てたお悔やみ状には、叡が明朗快活な性格で部下たちをいつも明るい気分にさせていたこと、そして常に立派な死処を求めていたことが書かれてある。

さらに桑野は、先発していた富高で、後から来た叡と偶然出会ったのが最後だったことも伝えている。桑野は沖縄出撃の途中で撃墜された。だが、海上で四時間半も泳いでいるうちに無事救出されて生き残っていた。

当時、筑波海軍航空隊では、敵機動部隊の艦載機の迎撃態勢が整えられて、叡もすでに敵機との交戦を経験していた。

三月十五日付の筑波から父親あての手紙で、敵機グラマンとの戦闘にふれていたのは、すでに紹介したとおりである。叡はそのとき、すでに富高への転出が決まっていて、特攻への志願は、父親に返事を出した以前のことだったと思われる。父親にはつとめてカラ元気を装い、その悲痛な覚悟は秘していたのである。

ともあれ、いよいよ鹿屋からの特攻出撃のために転属することが決まったことで、この朝、叡は家族との暇乞《いとまご》いに、とりわけ母の顔を見るために帰ってきたのだ。

「兄もこれが最後だと思ったんでしょうね。まだ朝早くに、五時頃だったでしょうか、突然帰ってきたんです。私はまだそのとき寝ていたんですが、母が、今日が叡との最後になるかもしれないから工場を休みなさいと言ったんです」

そのとき、女学生の淑子には、まだ戦争に敗ける実感さえもなかった。そこで母の忠告を無視して、女子挺身隊員として動員された多摩川の対岸にある住友の真空管工場へ、いつものように出かけてしまった。

起きてきた末の妹の貞子は叡に言った。

「まだお母さまの布団が温かいからそこで寝ていたら?」

叡は勧められるままに母のぬくもりの中でまどろんだ。海軍中尉とはいえ、二十歳を過ぎたばかりの叡にとっては、久しぶりに母親の懐に抱かれたような甘い感触が伝わってきただろう。布団には香《かぐわ》しい母の匂いも残っていた。もうふたたび生きて母に会えないと思えば、なかなか布団から抜け出し難かった。青春と家族との思い出がしみついた我が家で、この日はつい昼近くまで寝入ってしまった。

叡は母との別れを、たっぷりと半日は心ゆくまで語り合い過ごすことができた。しかし、特攻を志願したことなどおくびにも出さなかった。兵士には作戦の全容を明らかにすることは、厳しく禁じられていたからだ。

ちとせもそれに気づいていたが、胸の張り裂ける思いをじっと耐えていた。

やがて太陽も大きく西に傾いてきた。時計の針はおそらく四時を過ぎていただろう。別れ際、叡は、黙ったまま紙に包んだ自分の髪と爪を母に渡した。形見の品のつもりだったのだ。

「お母さん、これを俺と思って大事にしまっておいてくれよ」

そう言い残すと見送りを断って、叡は振り向きもせずに駅の方へ駆け出していった。

一方、勤労奉仕に動員されていた淑子は、仕事が終わると兄に会うべく一目散に我が家へ急いだ。玄関にたどり着くと、

「お兄さまはまだいるの」

大声で奥によびかけた。

「たった今、家を出たとこよ。まだその辺を歩いているかもしれないわ」

と、家の奥の方から母の声がした。ちとせは、仏間で叡から手渡された小さな紙包みを握りしめたまま泣き崩れていたのである。

淑子は、きびすを返すと西永福の駅に向かって懸命に追いかけた。はるか前方の水道道路を急ぎ足で歩く叡の姿が見えた。マントを翻して駅舎に姿が消えようとしていた。

「お兄ぃーさまぁー。待ってぇー」

淑子は、ありったけの大声で兄を呼びとめた。だが、叡に声は届かなかった。間もなくホームに電車が入ってきた。叡は、淑子の声に気づくことなく吉祥寺方面に向かう電車に飛び乗った。これが兄の姿を瞼に留めた最後の光景となった。

淑子の記憶の中では、ここで時間が止まってしまった。すでにあの日から六十七年が経った今、遠い日の出来事をしみじみとこう悔やんだ。

「いま思えば、私は母の言いつけに従って工場を休めばよかったと、工場へ行かなきゃよかったと、つくづく悔やんでいるんです。あの姿は現在でも目に焼き付いて離れないのです」

淑子は、そっと目頭を押さえながらため息をついた。

第九章

戦死を信じられなかった母

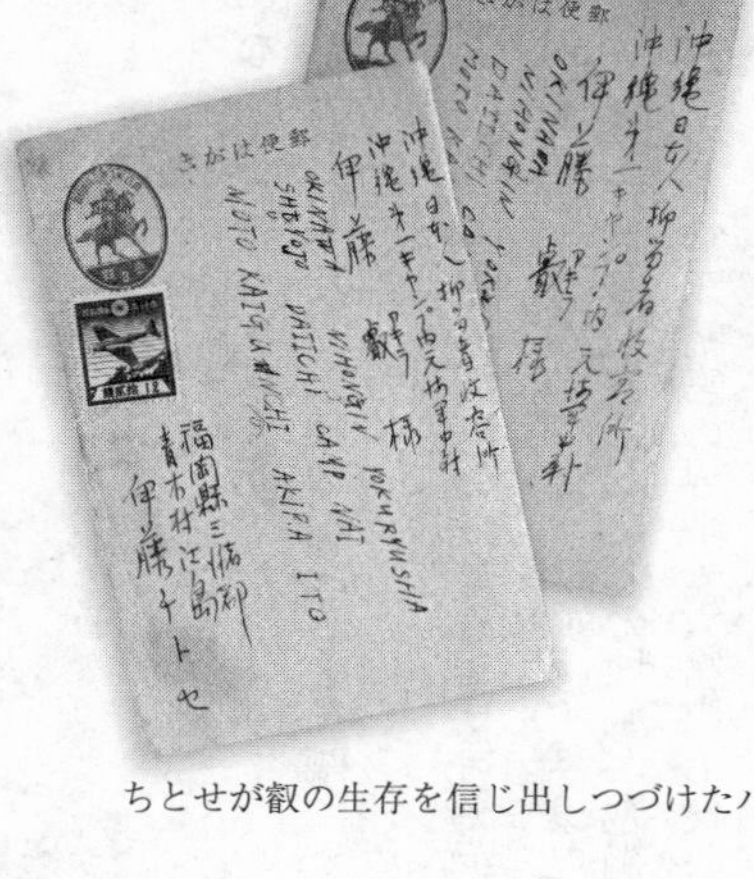

ちとせが叡の生存を信じ出しつづけたハガキ

一　杉並大空襲

昭和二十年五月二十五日の夜半――。

伊藤整一が戦死してまだ二ヵ月も経っていなかった。

この夜、午後十時半頃より東京は都心部から西部にかけて、B29四百六十九機による大空襲にさらされた。

伊藤の自宅があった杉並区の一帯は、前年十一月二十四日、B29によるマリアナからの本土初空襲の目標とされた中島飛行機武蔵野工場の爆撃以来、十九回目の空襲となった。杉並区高円寺、荻窪、高井戸、阿佐ケ谷、方南町などほとんどの地域が戦禍を受けた。全焼九千七百七十五戸、伊藤家があった大宮八幡宮の界隈の大宮町も例外ではなかった。

午後十時を過ぎた頃、鳴り響く空襲警報のサイレンの音に、ちとせたち母と娘の三人は、食料や貴重品をもって庭先の防空壕にかけこんだ。東の空には火の手があがり真っ赤に染まっていた。

間もなく低空で飛来したB29の編隊が、金属音を響かせて上空に達すると円筒形の焼夷弾を雨が降り注ぐように落としはじめたのである。伊藤家の六百坪の敷地にその数、三百発ほどだったという。

「防空壕にはいったら外がパーッと光ったんです。庭に油脂が広がって燃えているんです。そしたら今度は家にまともに焼夷弾が落ちてきました」

と、伊藤家の三女の貞子は言う。当時十三歳だった。

ちとせたちの女手だけではなす術もなかった。それでもちとせは、防火用水からバケツに水を汲んで家の中に飛び込んだ。必死になって部屋の消火に立ちまわった。だが、まさに焼け石に水だった。伊藤夫妻の思い出が染みついた家もたちどころに猛火につつまれ、屋根がドサッと崩れ落ちた。

母娘三人が、防空壕を出て呆然と家が焼ける様子をみつめていると、直撃弾が一発、防空壕に突き刺さった。幸いに不発弾だったので命は救われた。しかし、庭には焼夷弾が何発も降ってきた。これらも幸いにわずかのところで直撃をまぬがれたのである。まるで伊藤家の一画に狙いを定めたように焼夷弾が落ちてきた。家族の命が助かったのが奇跡的でさえあった。

大きな屋敷は、全焼した。伊藤が生前、家財道具の持ち出しを厳しく戒めていたので一切が燃えてしまった。大切にしていた家族のアルバムも、防空壕に移す予定で前日に整理してあったがすべてが燃えた。ただ、伊藤が十二月に呉へ発つとき娘たちに遺して行った形見の写真や山本五十六の書だけは、早くに防空壕に移していたので無事焼失をまぬがれた。

焼け跡にはコンクリートの基礎や瓦、水道管、陶磁器、融けた窓ガラス、金属片などが無残に散乱していた。

数日後、見舞いにかけつけた前軍令部総長の永野修身が、ちとせの前で呆然としてつぶやいた。

「しかし、それにしてもよく焼けたもんですなぁ」

焼け跡には、元帥に昇進した永野の悄然として立ちすくむ姿があった。

この夜の空襲で、皇居の大宮御所も炎上。霞が関の海軍省と軍令部の赤煉瓦の建物も爆撃によって一夜で灰燼に帰してしまった。

伊藤整一を偲ぶ縁《よすが》は、この五月二十五日の、東京における最後の大空襲で全てが焼きつくされてしまったのである。

伊藤家の戦災については後日談がある。

吉田満が著書『提督伊藤整一の生涯』の中で、伊藤家の戦災についてふれているくだりである。

戦後になって、妙な噂が流れてきた。この近くの出身で捕虜としてフィリッピンの収容所に入っていた下士官が、復員してから土産話を語るのを聞いたというのである。収容所で米軍の地図をみせてもらったところ、詳細な東京の空襲予定図があり、そのなかに伊藤家の位置が、はっきり赤マークで表示されていたという意外な報告であった。

伊藤家を目標としたかのように、焼夷弾が集中的に降りそそいだのは、単なる偶然ではなく、狙われたのではないかと、吉田は巷の噂話を紹介している。

実は、このことについては、興味深い話がある。

太平洋戦争中に、アメリカのサンフランシスコの郊外に、太平洋の戦場から連れてきた情報価値の高い日本兵捕虜の秘密尋問所があった。「トレイシー」という暗号名で呼ばれたこの施設について、わたしはその実態を調査したことがある。二〇〇七年まで、アメリカでも関係者が固く口を閉ざしていたために、戦後も埋もれていた歴史の秘話である。「トレイシー」では、二千三百名ほどの日本兵捕虜が、尋問官の質問に答えて実に詳細な情報を漏らしていた事実がある。

たとえば、B29の戦略爆撃に供する日本列島の爆撃目標図が捕虜たちの情報により作成された。終戦間際に日本は丸裸にされていたのである。東京では皇居の細密図をはじめ、三月十日の大空襲となった下町の工場地図、杉並区では中島飛行機武蔵野工場を中心に他の軍需工場の精密な爆撃目標図が作成されていた。

現在、アメリカ国立公文書館にその全資料が保管されているが、そこに伊藤家の所在までマークされていたかどうかは、確認していない。

「トレイシー」では、東京の下町出身の捕虜が地図に自分の家の位置まで書き込んでいた例があり、米軍は、軍令部次長であった伊藤の家を突きとめようと思えば、それは決して困難な作業ではなかった。あらかじめその辺りに土地勘のある捕虜を連れてくればよいだけの話である。

しかし、伊藤家の場合は、戦争中、すぐ近くに陸軍の兵舎が建てられていたので、そちらが狙われた可能性のほうが高いと思われる（拙者『トレイシー　日本兵捕虜秘密尋問所』）。

伊藤家の広い敷地には、防空壕と伊藤が植えた桜やヒマラヤ杉、槙、栗の木などが焼け残った。

一家は、しばらく防空壕に寝泊まりしながら、畑の野菜を煮焚きして飢えをしのぎ、夜露もしのいだ。伊藤亡き後、ちとせにはあらためて夫が買い求め、丹精をこめて野菜を栽培していた広い農地の有り難味が身にしみた。

そんなある日、まだ戦災の余燼がくすぶっていた頃、ちとせは焼け残った自宅の塀を見て衝撃を受た。そこには夫と息子叡の似顔絵が描いてあったのである。

そして、絵の下には「お前たちのおかげで空襲にあったのだぞ！」と軍人の家族を非難する心ないいたずら書きが添えられていた。伊藤家の事情を知るものの仕業に相違なかった。

夫が戦死してしまった今、傷心のちとせにとって、もはや東京に未練はなかった。空襲から間もなく、ちとせは、女学生のふたりの娘を連れて故郷の福岡県の実家に身を寄せる決心をした。昭和二十年六月上旬の頃だった。

「あのときあのまま、母が東京にとどまっていれば、残された家族の人生も変わらなくてすんだと思うんです。私には、今でもすごい後悔があるんです」

と、三女の貞子は言う。家族の転居は、後に大きな悔いを残すことになった。

家を去るにあたって、ちとせは、防空壕の入り口に叡にあてて立て札を建てた。引っ越し先の、福岡県三潴郡青木村の連絡先を木切れに書いておいたのだ。叡が道に迷わぬようにこまごまと懇切丁寧に書いた。

そしてちとせは、リュックに夫の遺書と遺影、山本五十六からの手紙など大切な形見の品物を詰め込めるだけ詰めた。重い大きな荷物を背に、途中、米軍の艦載機にいつ襲撃されるかわからぬ列車に乗って、東海道線をとりあえず純子のいる四日市へ向かったのである。

ちとせたちは、まだ叡の生存に一縷の望みを託していた。

その頃、戦局は、いよいよ悪化し「一億玉砕」も現実味を帯びてきた。

昭和二十年六月八日、最高戦争指導会議は、国体護持と皇土の保衛という大きな二つの「本土決戦方針」を採択した。

さらに六月二十三日には、沖縄の日本軍が全滅。日本軍の戦没者数約九万四千名、米軍約一万二千五百名、沖縄住民の戦没者数約九万四千名、合計約二十万名の戦没者を生んだ（沖縄県援護課資料）。

六月の末、海軍の佐世保鎮守府の講堂で、ちとせ夫人も参列して第二艦隊司令長官伊藤整一の追悼式がひそかに行われた。「大和」の撃沈はまだ国民に伏せられていたときだけにひっそりと実に淋しい海軍葬となった。会場正面には、海軍の十六条の大きな旭日旗に重ねて伊藤が海軍大将に任じられたことを示す幕が下げられた。その前には額に入った伊藤の小さな遺影が質素にぽつんと飾られていた。

ちとせは、葬儀をすませると、夫の親友で、ふたりの結婚の仲人をつとめた福岡県高田村の藤田國雄のもとへ戦死の報告に訪れた。娘の淑子と貞子を連れて、まだ終戦直前の夏の暑い盛りの頃であった。藤田の末娘檀美枝子が、このときのことを印象深

佐世保鎮守府の講堂で追悼式が行われた

く覚えている。彼女は十九歳だった。

ちとせは藤田の前で気丈にふるまった。座敷に通されるとモンペ姿のちとせは、威儀を正して藤田に言った。

「伊藤家は、叡が帰ってくるまで私がこれからしっかり守って参ります」

その頃、ちとせには、まだ叡の戦死の知らせは届いていなかったのである。

ちとせは、あらゆる伝手《つて》を頼って叡の消息を、それこそ必死に追い求めていた。

二　叡の生存情報

平成二十四年（二〇一二年）の春、伊藤整一の長女の今澤純子を、杉並の自宅に初めて訪れたとき、純子は母親のちとせが残した手紙類や父の遺書など多くの資料を準備しておいてくれた。家は、戦災で焼けた父親の旧宅の跡地を引き継いで、その一角に昭和四十年代に再建したものだった。従って父が植えた庭木や花壇はそのままなのである。

戦死した長男の叡より二歳年下の純子は、見た目に若々しくその記憶力に全く衰えはなかった。

ちとせの遺品の中には、彼女の無類の人づきあいの好さを物語るように、実にこまめな叡の府立六中や海軍兵学校時代の友人たちとの文通の記録が残されている。終戦直後の昭和二十年八月から二十一年九月にかけて、九州に移ったちとせが、山形や仙台などに住む叡の親友だった若者たちと交わした手紙類などである。

いずれも当時の世相や若者たちの戦争に打ちひしがれた率直な気持ちと前途の希望を断たれた苦しみなどが記されている。

その一通に、昭和二十年八月二十五日の日付、山形県加茂町（現・鶴岡市）の半田茂雄という叡の府立六中時代の親友からのものがある。ちとせが出した手紙への返信だった。当時のＧＨＱ（連合国最高司令官総司令部）の検閲による返事の遅れを詫びつつ次のように書いた。

さて、御書簡、進駐軍検閲のためにずつとおくれて参り只今拝見致しました。伊藤君の御霊位、お帰りになりました由、何と申し上げてよいのか心中の程深くお察し致します。

然しかうして正邪曲直の混屯としてきた世の中になつてゐることを考へる時、ひたすら正義を信じて自己を燃焼せしめ得た人々の方が羨しいやうにも思はれます。亦例へ歴史の流れに於て日本が間違いをおかしたとしても一途にその流れに身を投じた特攻隊の如き人々は永久に賞讃さるべきであると信じます。（中略）自分達は伊藤君の霊に対してひたすら慟哭するのみです。（後略）

香典を同封して叡の訃報にお悔やみをのべている。

この手紙の日付から推察して叡の戦死の第一報は、どのようなルートからか定かではないが、藤田家を訪れて後の、八月十五日の終戦日前後には、もたらされていたものと推定される。そこで早速、叡の親友に訃報を書き送っていたのである。当然のことながら、ちとせの悲嘆と失意は察するに余りあるものがあった。

同じく、仙台の東北帝大に通う府立六中時代の友人の菊池幹雄からは、叡の杉並の家の焼け跡を訪れた日の驚きと落胆をつづった手紙が、東京から九州へ転送されている。

先日久し振りにて兄の復員されたるべき元気な御顔を拝見して大いに語らんものと秘かに期待して上京致候。然るに何ぞ、御邸は無残に焼かれて以前を偲ぶ縁《よすが》も無之、暗然と致して近所にて御消息を聞き候に、兄は既に四月沖縄の空にて壮烈な御戦死を遂げられ神鷲と成られ候との事にて、余りの事に言葉も無之、万感胸に迫りて茫然と致し候。

手紙には、香典を添えてちとせへの丁重な弔意と叡の海兵時代、伊藤家を訪問したとき、叡が西永福の駅までわざわざ見送ったのが最後の別れになったことを懐かしく偲んでいる。ちとせにとっては、叡が戦死した今、その友人たちとの文通が息子を偲ぶ何よりの心の支えとなっていた。むしろかれらとの交流に、息子の影を追い求めていたのかもしれない。

今澤家の応接間で叡の消息をめぐる幾通かの手紙を前にしていたとき、純子が、ふと思い出したように、

「母の遺品に、こんなものも入っていたのですよ」

と、文箱の中からさりげなく取り出した二枚のハガキがある。

ハガキのことは、純子の記憶からもすっかり消え去っていたものだった。わたしが

訪ねる数日前、手紙を整理していて偶然見つけ出したものだという。

その一枚は、プロローグで紹介した昭和二十一年九月十八日の日付があるハガキである。沖縄の日本人抑留者収容所の伊藤叡中尉にあてた第七信だった。

そして残りの一枚は、九月二十二日付で第八信と記されている。

昭和二十一年三月に、すでに叡の戦死公報が届いていたにも拘わらず、なぜ、ちとせは、その半年後に戦死したはずの叡にあてて沖縄へハガキを書いていたのか。そのうえなぜ、ハガキは第八信まで書かれて、それが投函されずに手元に留まっていたのか。

その大きな疑問に答える手がかりが残されていた。

失意のちとせを、突然、天にも昇る心地にさせた一通である。

その頃、ちとせは、叡の告別式を終えたばかりだった。そして叡の海兵同期生で新潟県の桑野孝也には、叡の遺骨がまだ未帰還であることの苦しみを書き送った矢先のことだった。

昭和二十一年八月七日、ちとせは四日市の純子夫妻に至急の知らせを書き送った。手紙の書き出しから、いかにも慌てふためいた様子が伝わってくる。

只今、福山修君より七月三十日、三十一日と二通御手紙がきました。ふしぎな事だと大いそぎで開封しました処、何とおどろいてはいけませんよ。

叡さんが生きてるらしい様子です。

抑留名ぼに中イ《〔尉〕》イトウアキラとあるので人事局もよくしらべた処、海軍中イにはイトウアキラなるものは当時あきら一人のよしだから福山さんは間違ひない確信していると云つてきました。沖縄第一キャンプに居ります由、ハガキの連絡はよいでせうとのこと。（中略）

とにかく会へぬと思つてた人にまた会へるかもしれぬ。只々夢の様な思ひで嬉しさを通りこし涙も出ません。只、どうぞ〳〵無事な体で居てくれる様に、それのみ祈つて居ります。

今日は父上様の命日ですが、抑留月日も昨年六月七日のよし、何かお守り下さつたのでせうと思ひます。昨日、戦死の挨拶状を出したばかりでしたのにと夢の様です。

とりあへず　かしこ

七日　ちとせ

正よし
純子　様

叡の生存を知らせるまさに夢のような情報が突然、ちとせに届けられたのである。

福山修とは、伊藤整一が海軍兵学校で生徒隊監事をしたとき、その薫陶を受けた二十期下の教え子だった。福山は伊藤と故郷を近くにする福岡県柳川の出身で、中学も伝習館の後輩だった。その縁から、伊藤が大宮八幡に新居を建てたとき、一時居候を許したほどの親しい付き合いだった。結婚の仲人も伊藤夫妻がつとめていたのである。福山は、ちとせに朗報を寄こした時期、ＧＨＱで復員関連の連絡業務に携わっていた。

さらに八月二十五日、純子の夫の正嘉の弟豊正からも新聞記者に調査を頼んだところ、ＧＨＱの名簿の中に、「海軍中尉イトウ・アキラ」なる人物が沖縄の抑留者に存在することを直接に知らせて来た。

告別式を終えたばかりのちとせが、浮き足立ったのも無理からぬことだった。

「母は、ほんとうに兄が生きていると信じてました」

と、淑子たちは言う。

九州の寄寓先で、前途への不安を抱きながら万事、肩身の狭い生活を送っていた留守家族にとって、それこそ天と地がひっくり返るほどの朗報だった。

三人は、一度、東京へ帰ろうと思い立った。東京行きの列車に乗ろうと博多駅まで出かけてみた。しかし、その頃の復員列車は屋根の上まで軍人や買い出しの人々であふれかえるほどだった。急行列車の切符の入手もままならず、母と娘たちだけで東京へ向かう旅の困難を思えば、やむをえず断念せざるをえなかった。

三人は、気落ちしてふたたび青木村の森医院へ引き返したのである。

もし、このとき、東京行きの列車に乗ることができていれば、家族のその後もまた違ったものになっていたであろう。

これがちとせにとって運命の分かれ道となった。

福山修から、叡の生存の一報が届いて以来、ちとせは心休まる間もなかった。

叡の友人たちには、相次いで生存情報を書き送った。そして叡の戦死を知らされた友人たちから送ってきた香典も返却しなければならなかった。

親友たちからは、次々と叡の生還を喜ぶ便りが返ってきた。

○お便り拝見しました。叡君生存して居られるとの事、本当に驚きました。人間があの世から生き返つて来たのも同然、御肉親の皆さまのお喜び如何ばかりかとお察し致します。
○御返送下さいました為替受け取りました。却つて御迷惑をおかけ致して恐縮です。この上は唯、一日も早く叡君の御帰還されるよう祈るばかりです。

ちとせは、この頃からせっせと沖縄の叡にあててハガキを送りはじめたのである。今日まで、手元に残っているのが九月十八日の第七信と九月二十二日の第八信、第一信を投函したのは、新聞記者に調査を頼んだ正嘉の弟から連絡があった八月二十五日以降と推定されるので、第六信まで、三日とあけずハガキを書き送っていたことになる。

いかにその喜びが大きかったたか。しかし、戦死している叡からの返事は、当然戻って来なかった。それでも、生存を信じてハガキを送りつづけた。

昭和二十一年の九月、新聞が沖縄からの復員が近づいたことを報じはじめた。四日市に住む純子は、記事を読んで、早速母に知らせている。ちとせは、日々、叡との再会の期待に胸が高鳴るばかりだった。

最後となる九月二十二日付の第八信を叡に書いた。文面に、実に細々と母親の愛情が滲み出ている便りである。

第八信　九月二十二日

気候よくなりましたし相変らず御元気ですか。私共も一同変りなく暮して居りますから御安心なさい。今年は今の処、米も満作の様だし何よりと思つて居ります。昨日純子よりの手紙によると今度御地よりの引揚の再開がはじまりそれが名古屋の方に上陸するとの新聞記事が出て居た由です。もし名古屋あたりに上陸となれば純子の処は以前の四日市市山崎町住宅特二十七号ですから是非〳〵立ち寄っていらつしやいよ。正嘉さんが注意をして居て入港の時は迎ひに行きます由ですが念のため住所はしらせておきます。こちらの新聞にはまだ引揚船の記事は出ませんがもし佐世保あたりに入港したらば何時か先便にも申しました様に佐賀に出て大川駅までのり下車して例のガソリンカーの榎津駅より上りにのつて江島下車これが一番都合がよろしいですよ。鹿児島あたりだつたら大牟田駅下車して福岡行急行電車にのりかへて大善寺下車ガソリンカー下りにのり江島下車となるわけですよ。博多入港の時は大牟田行急行電車にのり大善寺下車ガソリンカーにのりかへる事は前に同じです。迎へに行く時間があれば勿論ゆきますが念のため本日は道順をおしらせしました。

では御大事になさいよ。　　かしこ

懇切丁寧に帰宅の道順を教える相手は、海軍中尉とはいえ、ちとせにとってはあく

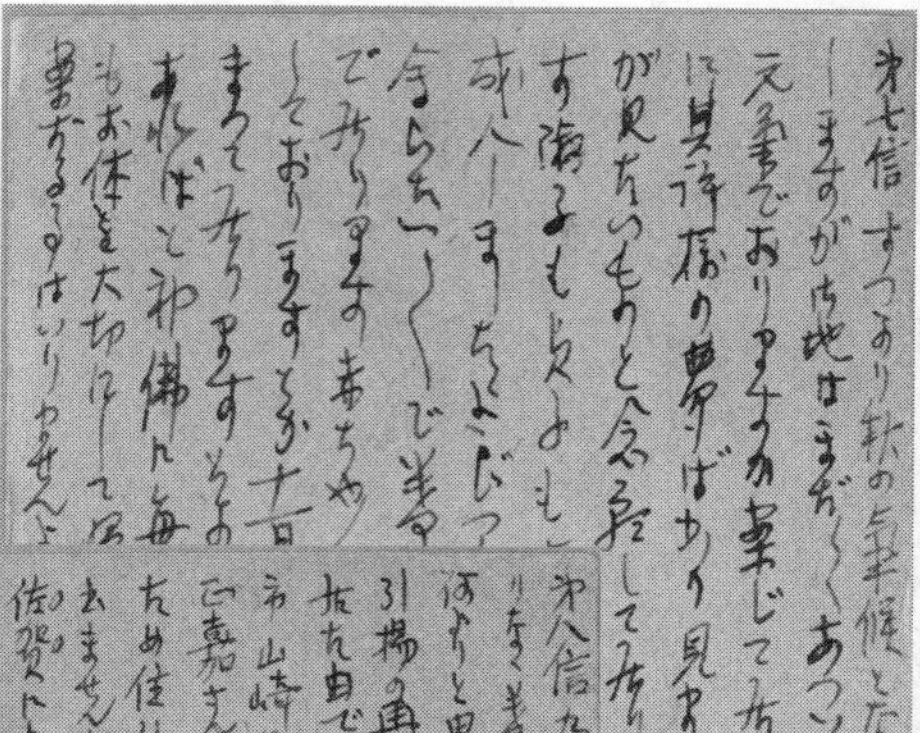

第七信 すっかり秋の気候となりました朝夕は冷えびえし
ーますが御地はまだ〳〵あついことと思ひますが変りなく
元気でおりますか案じております此の秋には紀通
に其の侍様の無事ばかり見守りてね早く〳〵元気な様
子が見たいものと念願しております よこちら一同元気で
す 清子も良くなりました
或へーまちたくよろこびつ
今から二〳〵で半年
でみたりますの赤ちゃ
しておりますとか十日
まってみたりますとの
あればと神佛に毎
もお体を大切にして御
暮らすのはいりかせんよ

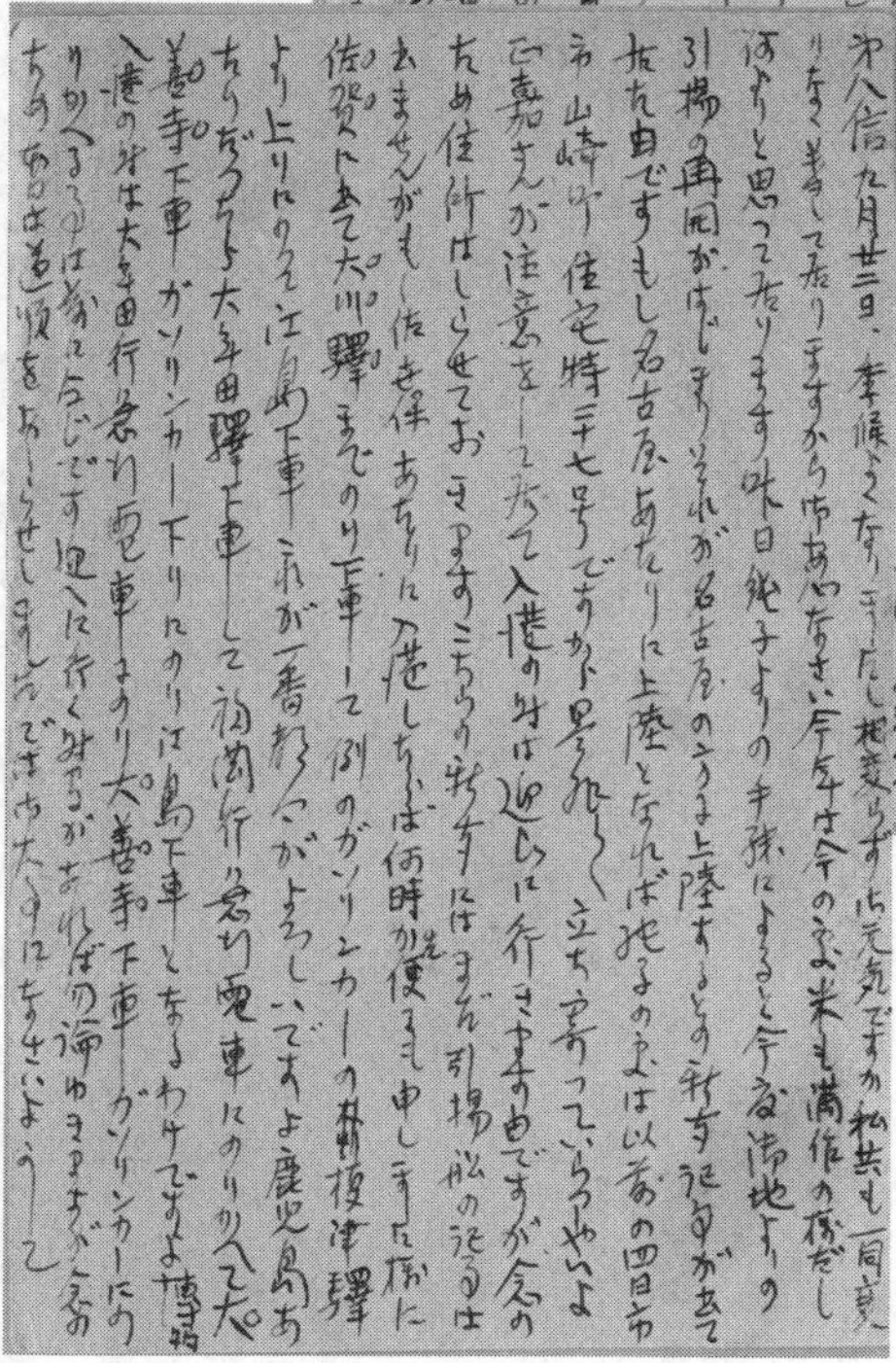

第八信 九月廿二日。季候よくなりましたね 相変らずお元気ですか 私共も一同元気で
おりまして居りますから御安心なさい 今年は今年のお米も満作の様だし
何よりと思って居ります 昨日紀子よりの手紙によると今度御地よりの
引揚の再開がはじまりそれが名古屋のうちに上陸するとの新聞記事が出て
おれ由です もし名古屋あたりに上陸となれば紀子の家は以前の四日市
市山崎町住宅特二十七号ですから早く立ち寄っていらっしゃいよ
正嘉さんが注意をして下さって入港の時は迎ひに行きますとの由ですが念の
ため住所はしらせておきます こちらの新聞にはまだ引揚船の記事は
出ませんがもし佐世保あたりに入港したらば何時か先便でも申しました様に
佐賀へ来て大川駅までのり下車して例のガソリンカーの榎津駅
より上りにのって江島下車 これが一番わかりよろしいですよ 鹿児島あ
たりだったら大牟田駅で下車して福岡行急行電車にのりかへて大
善寺下車 ガソリンカー下りにのりかへて江島下車となるわけですよ 博多港
入港の時は大牟田行急行電車にのり大善寺下車 ガソリンカーにの
りかへるのは前と同じです 迎へに行く筈ですがお帰りの節ゆきますが念の
ためのお道順をおしらせしました ではお大事になさいよう 乙

までも少年のときのようなわが愛息、叡である。

ちとせが、細々と道順を示した青木村江島の実家に至る、筑後川の堤防を走っていたガソリンカーも、遠い昔に消えている。

同じく九月二十二日には、四日市の娘婿の正嘉にも、沖縄からの引揚船が名古屋港に到着するニュースを知って何よりも喜んでいることを伝えている。ところがその中には、ちょっと気になる記述も付け加えていた。叡からの返事が来ないことへのかすかな不安である。

葉書の返事はまだ一本もきませんが、郵便局に参りました処、只今の処外地よりは、何処へも一本も来ておりませんがこれからくる様になるかもしれませんと申しました。

返事が一度きますと本当に大安心いたしますがネ。只々、家の叡であってくれる様にと神仏に念じております。

本年中には或は顔をみる事が出来るかと思ひますと全く夢の様でございます。本人もさぞ一同と会へる日をまちのぞんでおります事でせうと思います。

御宅にでもたちよります事になれば結子ちやんみてどんなにかおどろき喜びませうネ。眠れぬ夜半等次から次といろいろの事思ひ出し又想像しておりますの。

ではどうぞお大事に

九月二十二日

正嘉　純子様

ちとせは、返事がこないことが気になりながらも、ハガキを出しつづけた。

文中の「結子《ゆいこ》ちゃん」というのは、第七信にあった赤ちゃんのことである。伊藤が、孫のためにと、庭に多くの果樹を植えながらとうとう顔をみることができなかった初孫の結子（現・高篠結子、六十六歳）のことだった。

ところが、今澤正嘉からの十月九日付の返信には、

「御手紙によりますと最近手術される由、心配しています」

とある。突然にちとせの体の異変のことにふれているのである。一体、ちとせの身に何が起きたのか。それはあまりにも唐突な不幸な出来事となった。

三　ちとせの死

ちとせは叡への最後の便りとなる第八信を書いた一ヵ月後、夢枕にまであらわれた息子の復員を待ち焦がれながら、あっけなく世を去った。

十月二十一日、それまで全く元気に、しかも健康に暮らしていたちとせの身に不慮

の医療事故が起こっていたのである。

これも叡の帰国を願う一心が、事故の直接の原因となっていた。叡の幻の復員を前に、体調の変化に気づいたちとせは、元気に息子を迎えようと思い立ち、久留米市内の医院で不急の筋腫の手術を受けたのである。

ところが、終戦直後の医療設備もおぼつかない時代のこと、空襲で焼け残った民家の二階を改装して開業したばかりの婦人科で手術中に停電となった。手術はロウソクの灯りのもとでつづけられたが、このときの医者の不手際で細菌感染による敗血症で重態に陥ったのである。手術から十日後のことだった。

抗生物質とてなく、そのうえ、開業したばかりの医者の仕打ちは酷いものだった。

「うちの医院は、開業したばかりで死人を出したくないので引き取って欲しいって、医者が言ったんです」

医者は、病室に付き添っていた淑子と貞子の、若い娘たちに向かって残酷な一鞭を放った。敗戦直後の日本人の倫理観や道徳はここまで堕落していたのである。

姉妹は、瀕死の母の再手術を必死に頼んだが聞き入れてもらえなかった。

医者が言うままに、ふたりは大人たちに手伝ってもらい、意識の薄れた母を毛布にくるんで病室から外で待つタクシーまで運んだ。だが、タクシーが、実家に向かう途中でちとせは息をひきとった。

その間、姉妹は母が横たわる座席の下で小さくうずくまったままなす術もなかった。

昭和二十一年十月二十一日、享年四十五だった。突然の死は、若い娘たちを残して余りにも残酷だった。

あれだけ明るく、快活だった母の死に娘たちは茫然自失となった。気丈だった淑子も、妹の肩に手をおいて涙が涸れるほど泣いた。父と兄の戦死から一年半をわずかに過ぎた日のことだった。

叡の生存情報を一心に信じた後の、悔やんでも悔やみきれない出来事だったのである。

「父や母や兄のことは一生消えることのない悲しみ、そして誇りです。個人的には魂の奥までしまいこんで慟哭は外には出さず、自分で浄化しなければならないと思っています。これは私が死を迎えるときまでの課題です」

と、貞子は言う。両親と兄を失った少女たちの戦後の苦労は想像するに余りある。

ちとせの非業の死は、今日、戦艦「大和」の華々しい戦争の物語と栄光の陰に埋もれてしまった。だが、これは七十年ほど前に、全国津々浦々にみられた戦争の悲劇を象徴している。戦禍への怨みと悲しみのこもった日本の母や妻たちの悲痛な叫びは、こうして無辺の彼方にかき消されていったのである。

第十章
校長室の戦艦「大和」

みやま市立開小学校校長室の伊藤文庫

一　伊藤文庫

校長室に戦艦「大和」の大きな模型と海軍大将伊藤整一の遺影を飾っている全校児童百九名の小学校がある。

福岡県みやま市立開《ひらき》小学校――。

その昔、開尋常小学校とよばれた伊藤の母校である。戦前ならばともかく戦後七十年にもなろうとする平成の世に、昭和の軍人の遺影を飾る公立学校は極めて珍しい。この学校では児童への平和教育に利用されているのである。

南に甘木山《あまぎやま》という海抜百メートル余りの小高い丘陵を隔てて、かつて三井三池炭鉱で栄えた大牟田市と隣り合う農村の小さな小学校だ。

ここは広々とした田園に囲まれた有明海の干拓地の中にある。あたりにはこの地方特有の灌漑用水路が縦横に走っている。その風景には、伊藤整一や息子の叡が、少年時代に用水路で鮒釣りに夢中になり、近くの有明海の干潟でムツゴロウを追った頃の面影がまだわずかながら残っている。

ここ開小学校に戦艦「大和」の模型が置かれたことには逸話がある。

あるとき大牟田の九州三井アルミ三池事業所の社員たちが、工場の無事故達成の記念にアルミニウムの残片を集めて戦艦「大和」の模型を作った。

模型製作の音頭をとった工場の次長は、戦前の海軍兵学校の出身者だった。伊藤大将を信奉していたことから伊藤の母校の開小学校に贈呈の話を持ってきた。昭和五十六年（一九八一年）のことである。当時の校長は喜んで素直にこれを受け入れた。

ところがこのことを知った地元のテレビ局や新聞などがこれを報道したことから騒ぎとなった。

「小学校に戦艦大和とは何事か」

苦情が多く寄せられたのである。

だが当時の校長は、

「伊藤さんは平和主義者です」

と、その信じるところを説いて納得させたという。

開小学校では、四月に新入児童が入学すると「学校探検」という校内見学の行事を行う。

「先生、これはなんね」

校長室の引き戸を開けた途端、男の子たちが目を輝かせて真っ先に駆け寄るのは、長さ一メートル五十センチほどの精巧な戦艦「大和」の模型である。この学校のお宝なのだ。

さらにその奥、校長の机から手の届きそうなところに、立派な特製の書棚が置かれている。その上段には文字の間に錨のマークをあしらった「伊藤文庫」の銘板と、後ろの壁には額縁入りの戦艦「大和」のレリーフが掛けられている。

この書棚には遺影をはじめ勲章、直筆の手紙、文献資料など伊藤整一ゆかりの品々が飾られて、これまで歴代十六名の校長に引き継がれてきた。

現在の校長の猿渡恵子（五十七歳）は言う。

「代々の校長がこれだけの資料を引き継いできたのは素晴らしいことだと思います。やはり伊藤さんの人柄にひかれたのでしょうね。すべては開小学校でお預かりしているのです」

猿渡の開小学校での勤務は、教諭時代から数えると三度目だ。伊藤のことも次第に関心をもつようになったという。

伊藤文庫ができて三十六年余りが経った。

それに先だつこと十七年前、開小学校には「伊藤奨学会」という、設立趣意書に〈その人格をしのび徳を慕い〉とする奨学金制度が、昭和三十四年から昭和五十年まで十七年間もつづいてきた。一学年に二学級あるいは一学級しかなかった時代も、卒業する優等生各学級男女一名ずつに、千円の奨学金が伊藤の名前で授与されていた。この間、七十名近くの児童たちが給付を受けて小学校を巣立っている。伊藤文庫は、昭和五十一年に奨学金制度の廃止に伴って伊藤の顕彰碑建設の余剰金で設けられたのである。

二　金助坂の軍艦旗

大牟田市倉永金助坂《くらながきんすけざか》の一隅に、伊藤整一を顕彰する記念碑が建てられたのは、戦後も十三年が過ぎた昭和三十三年（一九五八年）四月七日だった。

開小学校から西へ三キロほど行った甘木山の麓《ふもと》に、金助坂という大牟田市に通じるゆるやかな坂道がある。みやま市に町村合併する前の旧町名、三池郡高田町黒崎開と大牟田市の境界あたりである。坂を上ると南に有明海が開けてくる。

顕彰碑の建設には、地元と全国の旧海軍の有志が動いた。

前年の八月に、東京・港区芝、白金の旧海軍の将校クラブ「水交会」に「伊藤整一君墓碑建設会」が設けられた。発起人には地元を代表して参議院議員野田俊作が、旧海軍からは海軍大将高橋三吉が名を連ねた。

顕彰碑の建設に中心となって奔走したのは、沖縄戦の凄絶な戦闘を生き残り、高田町の地元で下請けの小さな機械工場を営んでいた元南西諸島海軍航空隊中尉の二宮貴だった。沖縄戦では、米軍に包囲され地下壕内で火炎放射器の炎と迫撃砲の砲弾を浴びた。壕を出ては何度も決死的な戦闘を行った。

二宮の妻も戦争中、留守宅の佐世保で小学校の教師として、海軍沖縄方面根拠地隊司令官の大田實少将（昭和二十年六月に戦死後中将）の長男を教えたことがあった。有名な「沖縄県民斯ク戦ヘリ　県民ニ対シ後世特別ノ御高配ヲ賜ランコトヲ」との訣別電報を打って自決した司令官である。

二宮中尉が最後にたどりついたのは大田司令官がいた海軍の司令部壕だった。終戦を知ったのは敗戦翌月の九月五日、米軍の投降勧告の放送とビラによってである。

二宮を顕彰碑建設へ動かしたのは、このような妻と、自身がかかわった沖縄戦への数奇なめぐりあわせからだった。伊藤への渇仰《かつごう》の思いは人一倍強かったのである。

伊藤整一の墓は、戦後しばらくの間、郷里の甘木山の山上に妻のちとせ、長男叡と並んで仮埋葬のままになっていた。荒れ地に墨痕も色あせた三本の木柱の墓標が淋しく並び建っているだけだった。

あたりの静寂《しじま》を破るのは、朝夕、有明海の潮風にのって聞こえてくる大牟田の工場群からの、作業時刻の開始と正午をつげる遠いサイレンの音のみである。

蕭条《しょうじょう》たる墓地の風景は、時折訪れる人を低徊《ていかい》させた。立ち去るには忍びない思いを抱かせた。

郷里でも伊藤の名前さえ、久しく忘れられていた。当時の時代の風潮からいえば、むしろ世間の風当たりは元軍人には冷たかった。旧海軍で栄達を極めた伊藤整一もその例外ではなかった。

生き残っても高級軍人は、公職追放の憂き目にあい、昭和二十七年にサンフランシスコ講和条約が発効するまでは、ＧＨＱによって軍人恩給も止められたのである。

伊藤家は後を継ぐひともなく廃家となった。伊藤の両親もすでに世を去っていた。遠く九州を離れて他家に嫁いでいた整一の娘たちも、戦後の荒波の中で茫然となす術もなかった。

ちょうど顕彰碑が建てられた昭和三十三年の春に、地区の共同納骨堂が完成した。整一たち親子三人の御霊は親戚の手でそこに移された。顕彰碑の建立はやっと安らぎの場所を得た矢先のことだったのである。

整一の戒名は「殉攻院釈徹誠」、叡は「忠攻院釈叡空」、そして夫人のちとせは「芳晃院釈妙香」。父と息子にはともに沖縄戦に殉じたことへの名誉がとどめられていた。

すでに日本は、国際連合への加盟が承認され、経済白書が「もはや戦後ではない」と、日本経済の成長を謳った二年後である。秋には皇太子明仁殿下と正田美智子さんとの婚約が発表され、世界一の高さを誇る東京タワーが完成した時代だった。

以来、今日まで四月七日の伊藤の命日に、金助坂の顕彰碑の前では地元の人々の手で墓前祭がつづけられている。すでに半世紀をこえた。

元軍人ただひとりの墓前祭が、このように長くつづいている例は全国にそうはないだろう。

近年、近隣の町からもやってくる参拝者の中には、新顔の若い世代も増えてきているという。

平成二十年（二〇〇八年）には、伊藤整一の生誕百二十周年を祝う記念祭が、みやま市と教育委員会が後援し、開小学校の児童と母校の県立伝習館高校の吹奏楽部も参加して、市内の会場で盛大に行われた。

さらに翌年には、伊藤が通った中学伝習館のある柳川市でも、市民劇団「くもで座」によって戦争の悲劇と伊藤の夫婦愛を描いた物語、「いとしき人へ」が上演された。この演劇は市や教育委員会、市内小中学校のPTA連合会、地元マスコミなどが後援することによって、若い世代にも戦艦「大和」と伊藤整一のことがあらためて知られるようになった。

墓苑は石垣が高く築かれ、植え込みに四季の彩りをそえた三十五坪の敷地。

ここには、石段を上った正面に顕彰碑、奥に納骨堂から移された伊藤整一の墓碑と国旗掲揚台などが設けられている。

周囲は一年中、伊藤を慕う地元の元海軍軍曹一家の手によって雑草ひとつなく管理が行き届いている。お盆や正月などの節目には、近隣の人々が自然と集って掃除をする。旧海軍の十六条の旭日を染めぬいた軍艦旗が翻っている日もある。

当時、顕彰碑の建設にあたって基金を寄せたものは六百九十七名。

目を引くのはそのうち旧海軍の将官が二百三十三名、全体の三分の一がかつて「提督」とよばれた人たちで占められていたということだ。

太平洋戦争を生き残った海軍の高官の多くがまだ健在であった。これほどの人々が金額の多寡はさておき、伊藤の顕彰碑のために浄財を寄せていたことには今更ながら驚かされる。

現在、設立にかかわる記録は開小学校の伊藤文庫に完全に保存されている。

寄付者名簿によれば元海軍大将十六名、中将百四十三名、少将七十四名である。

そのうち発起人や寄付者の主な顔ぶれには、かつて海軍大臣や軍令部総長を歴任した及川古志郎、嶋田繁太郎、吉田善吾、連合艦隊司令長官・軍令部総長の豊田副武、開戦直前の日米交渉にあたった駐米大使野村吉三郎、外務大臣豊田貞次郎、軍事参議官・学習院長の山梨勝之進、海軍次官井上成美、レイテ沖海戦における栗田艦隊の司令長官栗田健男、「大和」の無謀な沖縄特攻に反対する伊藤を説得して出撃命令を伝える役目を担った連合艦隊参謀長の草鹿龍之介、伊藤の遺書をちとせ夫人に届けた「大和」生き残りの第二艦隊参謀長森下信衛、伊藤のもとで軍令部第一部長（作戦）をつとめた中澤佑、伊藤のアメリカ時代の上司で駐在武官の海軍リベラル派の坂野常善、他にも真珠湾攻撃で山本五十六長官の作戦参謀をつとめた源田実や黒島亀人など旧海軍のそうそうたる顔ぶれが名を連ねている。

さらに福岡県出身の財界人ではブリヂストンの石橋正二郎、出光興産の出光佐三《いでみつさぞう》、政治家では石井光次郎《みつじろう》、荒木万寿夫《ますお》などの名がある。伊藤の交友の広さがうかがわれる名簿である。

寄付金の総額七十四万百四十円で、そのうち十万円が開小学校の奨学基金にあてられた。

そして顕彰碑の碑文の撰者を、元海軍大将・連合艦隊司令長官の高橋三吉がつとめた。そこには伊藤の人柄と生涯が余すところなくのべられている。

海軍大将伊藤整一君ハ明治二十三年七月二十六日福岡県三池郡高田村ニ生マル。

幼ニシテ俊秀ノ聞エ高ク、長ジテ開小学校・中学伝習館・海軍兵学校・海軍大学校ニ学ビ、常ニ抜群ノ成績ヲ以テ業ヲ卒エタリ。而シテ君ガ全生涯ヲ捧ゲタル海軍ニ於ケル業績ハ、海上ニ陸上ニ又軍令ニ軍政ニ燦トシテ輝クモノアリシガ、君ノ真価ハ其ノ優レタル才幹ニ加オルニ誠実謙虚、一点ノ私心ナク、真ニ玲瓏《れいろう》〔透きとおり曇りのないさま〕玉ノ如キ其ノ大人格ニアリタルナリ。

大東亜戦争勃発当時、偶々君ハ軍令部次長ノ重職ニアリ、緒戦ニ於ケル我ガ海軍ノ赫々タル大戦果ニ就テハ、大本営幕僚トシテノ君ノ偉功ヲ永久ニ伝エザルベカラズ。不幸ニシテ彼我国力ノ懸隔ハ、爾後ノ戦勢ヲ日ニ非ナラシムルニ至リ、其ノ間、君ノ堅忍苦衷、亦察スルニ余リアリ、後、第二艦隊司令長官ニ親補セラレ麾下ヲ率イテ出撃、壮図、将ニ成ラントスルニ先ダチ昭和二十年四月七日、九州南方海上ニ於テ無限ノ恨ヲ呑ンデ戦艦大和ト其ノ運命ヲ共ニセリ　噫《ああ》。高潔悲壮ナル君ノ胸中ニ思イヲ致ス時、感慨無量、真《まこと》ニ悼《いた》マシキ限リナリキ。戦死ノ報上聞ニ達スルヤ、海軍大将ニ進メラレ、従三位ニ叙シ功一級金鵄勲章並ニ勲一等旭日大綬章ヲ授ケラル。

君逝イテ十有四年、ソノ高風ト偉業ヲ偲ビ、旧海軍並ニ郷里ノ有志一同相謀リ、茲《ここ》ニ君ノ墓碑ヲ建設シ、以テ永ク君ノ偉功ヲ伝エ併セテ其ノ英霊ヲ慰ムルト共ニ、郷党後進ノ士ノ教導ニ資スル所アランコトヲ期ス

昭和三十三年四月七日

元海軍大将　高橋三吉　撰

高橋の撰文は、この類の碑文にありがちな世辞や誇張はなく、ほぼ的確に伊藤の人間性の本質をついていたと言ってよい。

その人柄は、いつも温厚で寡黙、清廉高潔、誠実、自己顕示欲もなく謙虚、豪胆、公平無私とさまざまに評された。伊藤の百八十センチに達する偉丈夫《いじょうふ》の面影に、生前に交わった人々は、日本海軍の名将としての記憶を鮮やかにとどめていた。

顕彰碑の建設は、「特攻作戦中止」の厳命を下した伊藤の努力が、戦艦「大和」をはじめとする千七百名余の将兵の命を救ったことに、人々がやっと思いを致す心の余裕ができた頃の出来事だった。

エピローグ

沖縄本島の中部、太平洋の紺碧の海が広がる金武《きん》湾の入り江に沿って国道三二九号線が走っている。

その金武町の海岸に「屋嘉《やか》ビーチ前」というバス停の標識が立っている。米軍の辺野古キャンプから南西へ二十キロほど、海兵隊基地キャンプ・ハンセンの海側の場所だ。

このバス停の横に、大きな自然石で造られた記念碑がひとつひっそりと建っている。

碑文には、「日本軍屋嘉捕虜収容所跡の碑」と刻まれている。沖縄戦や戦後の一時期に、ここが日本兵や民間人の捕虜収容所であったことの案内文である。

さらに石碑の裏側には、収容所に抑留されていた沖縄県出身の一人の兵士によって作られた沖縄民謡の「屋嘉節」の歌詞が刻まれている。

なつかしや沖縄　戦場になとい　世間お万人と　涙ながち（悲しいことに沖縄が

戦場となった、世の中のたくさんのひとが涙を流した)
沖縄が戦場になったことを嘆く、捕虜の悲哀が漂う歌である。
戦後、「屋嘉節」は沖縄の代表的民謡となって、現在も盛んに歌いつがれている。
この日本軍屋嘉捕虜収容所が、いわゆる米軍第一キャンプと称されるところだった。

ちとせが、叡の生存を信じ、その幻の影を追ってハガキを書き送りつづけた収容所である。その頃、沖縄には全島七ヵ所、一万二千六百九十一名の日本軍将兵が捕虜となって収容されていた。

第一キャンプの屋嘉捕虜収容所の中では、捕虜たちの手で「沖縄新聞」と名付けたミニコミ紙が発行されていた。それによれば、ここには昭和二十一年五月の時点で、二百八十一名の捕虜がいたようだ。当初、ここにはおよそ七千名の捕虜がいたが、本島西海岸の楚辺《そべ》と牧港《まきみなと》のキャンプに移転して、六月十五日には閉鎖された。

ちとせのハガキは、確かに沖縄まで届いたはずである。だが、六通のハガキが送られた頃には、すでに第一キャンプはない。ハガキは何処に行ってしまったのか。楚辺キャンプなのか、牧港なのか——。ちとせの期待を裏切って、米軍占領下の沖縄に消えてしまっていた。

沖縄から、日本兵捕虜の本土復員が開始されたのは、昭和二十一年十月三日のことであった。第二次の送還は十月十七日とつづき、昭和二十二年二月に日本兵捕虜全員の復員が終わった（読谷村史「戦時記録」）。

平成二十四年（二〇一二年）三月の夕暮れ、糸満市摩文仁《まぶに》の平和祈念公園の中を歩いているときだった。人影もまばらな広大な公園の中で、沖縄戦の犠牲者や沖縄出身の戦没者を祀る「平和の礎《いしじ》」の前に立った。近く太平洋の海岸からは潮騒の音が心地よく聞こえて来た。

思いたって「平和の礎」の石碑が立ち並ぶ戦没者の刻銘碑の中に伊藤叡の名前を探してみた。

あたりはすでに薄暗く夕闇がせまってきた。

すると、偶然に足をとめた石碑の前で、二十四万一千百六十七名の戦没者（平成二十五年現在）の中に、まぎれもなく伊藤叡の名を見つけたのである。

各県、各団体ごとに区画された礎の中にその名はあった。伊藤整一の故郷である福岡県の一角の縦並びの最初の一行に伊藤叡の名がはっきりと刻まれていた。

そしてさらに目線を下の行へ移すと六人目に、父親の伊藤整一の名があった。

ふたりは、沖縄の「平和の礎」でふたたびめぐり会っていたのである。

親子で永遠に沖縄の地に名を留めていた。

東京・杉並の伊藤整一の長女・今澤純子のもとには毎年、四月七日、伊藤の墓前祭の頃になると故郷から無事に行事が終わったことの知らせが送られてくる。

このとき純子の礼状には、伊藤が植えた桜についての深い思いが添えてある。

戦後、親桜の根っこからもう一本の子桜が生えてきたことから、整一親子になぞらえて「伊藤桜」あるいは「父子桜」と、わたしが勝手に名付けた樹齢八十年の桜である。

今年の四月七日も、父が植えました桜は花の盛りで大和と共に散られた若い方々を偲ばせるようにしきりに散っておりました。

またある年には、

四月七日、生前父が植えまして幸い戦火を免れました桜の老木、今年も爛漫と花をつけましたが、はや花吹雪でございました。

東京には、何十万本、何百万本の桜の樹があるだろうか。

だが、杉並の人見街道沿いにひっそりと咲く「父子桜」の二本だけは、ほかの桜とは明らかに異なる意味がある。

毎年四月七日には戦艦「大和」とともに散った若者たちが、桜の花びらとなってここに帰ってくるからだ。

「長官ただいま帰りました」

そのひとひらの中には、沖縄特攻で戦死した伊藤叡もいる。

「お父さん、お母さん、ただいま」

それは叡の二十一歳のときの声である。

四月七日に「父子桜」が咲く限り、春の風が、美しくも悲しい遠い戦争の記憶を運んでくる。

あとがき

わたしにとって文章を書きはじめるとき、冒頭の一行目を何にするかは、いつも頭を悩ませることである。

しかし、このたびは、意外にすんなりと思いが定まった。去年三月の中旬、東京・杉並に初めて伊藤整一氏の長女で、その旧宅に住む今澤純子さんを訪ねた日のことである。帰り際、私を門前まで見送ってくれた純子さんが、庭先に立つ大きな樹を指さしながら言った。

「これは父が植えた桜なんですよ」

わたしは一瞬驚いた。そこには大きな桜の樹が二本、そびえていた。

「家は空襲で全焼しましたが、父の桜は焼け残りました」

と、純子さんは、言葉を継いだ。伊藤整一氏が植えた桜により添うように立つもう一本が、戦後その根っこから生えてきたこともそのとき知った。

二本の桜はわたしに強いインパクトを与えた。桜は、すでにちいさな固い蕾をつけていた。毎年「大和」が沈んだ四月七日の頃に満開になるという。数日後、すんなりと本の書き出しは、この「父子桜」の話から入ろうと決めた。そのときすでに四月七日には、伊藤長官の故郷の福岡県みやま市での墓前祭への参加と、前後に九州での四、五日の他の予定が決まっていた。そこで担当編集者に満開の瞬間を、カメラマンに撮影してもらうようお願いして福岡へ向かった。

後日、写真で見ても四月七日の桜は、朝の鋭い光を浴びて予期に違わず見事な咲き振りであった。本居宣長が歌に詠んだように、まさに「敷島の大和心を人問はば　朝日に匂ふ山桜花」であり、植樹した人物の精神が匂い立つようであった。

以上がこの本のタイトルを「四月七日の桜」にこだわった所以である。

余談ながら本書の著者である自分の名前「整一」については伊藤整一にあやかってつけられた。私が生まれた昭和十六年十月はちょうど伊藤が軍令部次長に昇進した頃である。伊藤の生家である開村とは山一つ隔てた、有明海に面した「唐船」という炭都大牟田市の僻村に生まれた自分は、軍国主義華やかなりし頃、郷土の偉人にあやかって同じ名がつけられたと聞いている。

末筆ながら本書の執筆には、実に多くの方々のご協力をいただき、たいへんお世話になった。お名前をあげてお礼を申し上げたいと思う。

まず伊藤整一氏の三人のお子さん方であるが、すでにみなさん八十代である。ご両親や兄の叡氏の分まで長寿を保たれていることは何よりも喜ばしいことだった。父親は、孫の顔を見ることが叶わなかったが、残された三人の姉妹は、優秀な五人の子ども六人のお孫さんに恵まれて、静かな余生を過ごしておられる。

戦後六十八年、すでに「大和」にまつわる歴史の生き証人が数少なくなった現在、伊藤家の三人の姉妹が見てきた昭和の歴史と提供していただいた資料は、確かな記憶力とともに実に貴重なものとなった。それぞれが戦後の風雪の中を父と母、そして兄にたいする尊敬と思慕の思いを大切に生きてこられた様子が容易に理解できた。今澤純子さん、河野淑子さん、須原貞子さんにはあらためて厚くお礼を申し上げる次第である。

わたしに、伊藤家の人々を引き合わせて下さったのは、福岡県大牟田市の堺修氏（七十歳）である。永年、県南部の中学校や高校の校長を務められた堺氏が、二十代に勤務した高校の図書館で偶然に手にした一冊が伊藤整一についての本だった。しばし、人物の虜になったという。その家族愛に魅かれたのである。以来、今日まで率先して伊藤の顕彰に尽力し、地元では「『大和』のことなら堺に聞け」と言われるまでになった。伊藤整一の弟の繁治氏とはその晩年まで親交をつづけ、墓前祭のまとめ役として今も活躍しておられる。

堺家の座敷の床の間には、戦艦「大和」の大きな模型が飾ってある。その船腹の中には「大和」の全戦没者の名簿を収めて、毎朝、お供えの仏飯と灯明を絶やさない生活である。堺氏の不在のときには、この役目は妻の純子さん（六十三歳）が引き受けておられる。ふたりが世話をできなくなったら、息子さんに引き継ぐつもりだという。

戦艦「大和」の直接の関係者では、伊藤叡氏の海兵同期で、「大和」の士官であった都竹卓郎氏のお世話になった。都竹氏の紹介で叡氏が府立六中時代に机を並べた相沢善三郎氏や海兵同期の上野三郎氏、そして「大和」の三日間の乗組員となった阿部一孝、北村和夫、佐藤昇二の諸氏から貴重な体験談を伺うことができた。

貴重な戦史資料の提供者である中澤忠義氏とは、私の知己の井田憲之氏が、自宅近くの古書店で入手した『追想　海軍中将中澤佑』を送って下さった縁にはじまった。中澤佑作戦部長の四男の忠義氏は、元伊藤忠商事の副会長で、井田氏とは、仕事を共にした昵懇の間柄だった。伊藤軍令部次長に仕えて苦境を共にした中澤佑氏については、わたしも生前にお宅をたずねて偶然に面談をしていた人物だったのである。

伊藤整一が、若き日のアメリカ時代に交遊をもったスプルーアンスについては、その遺族を探し出してくれたのは、友人で国際ジャーナリストの野口修司氏である。わたしもアメリカ取材の準備をしていたのだが、先方との日程の調整がつかなかった。そこで野口氏がわたしに代って、スプルーアンスの孫のエレンとデイビッドを取材してスプルーアンス夫妻のサンフランシスコ湾を望むお墓にも花束を捧げてくれた。

さらにエール大学の八十五年前の伊藤の足跡の発掘は、ロサンゼルスの知人、元カリフォルニア大学教授の高橋真理枝さんとその友人のコネチカット州在住のシンシア末川さんが連絡を取り合って、大学側との煩雑な交渉を重ねてやっと明らかになったものである。高橋さんからは、アメリカから伊藤が過ごした時代の一九二〇年代の映像や文献など多くの資料をお送りいただいた。まだお名前を挙げねばならぬ多くの方々がおられるが、みなさんの懇切丁寧なご協力にはあらためて厚くお礼を申し上げる次第である。

そして、本書の執筆にあたっては校閲部の方々、そして多忙の中を取材の現場にも付き合い、最後まで粘り強く誠心誠意、わたしの仕事を支えてくれた編集担当者、学芸局次長の中村勝行氏に、あらためて厚くお礼を申し上げたい。

平成二十五年三月末日

中田整一

主要参考文献・資料など

●書籍

『戦史叢書10　ハワイ作戦』防衛庁防衛研修所戦史室編（朝雲新聞社　昭和四十二年）
『戦史叢書93　大本営海軍部・連合艦隊〈7〉戦争最終期』防衛庁防衛研修所戦史室編（朝雲新聞社　昭和五十一年）
『太平洋戦争への道　開戦外交史・7』日本国際政治学会太平洋戦争原因研究部編（朝日新聞社　昭和三十八年）
『海軍中将中澤佑　海軍作戦部長・人事局長回想録』中澤佑刊行会編（原書房　昭和五十四年）
『追想　海軍中将中澤佑』追想海軍中将中澤佑刊行会編（非売品　昭和五十三年）
『提督伊藤整一の生涯』吉田満（文藝春秋　昭和五十二年）
『日米全調査　戦艦大和』吉田満　原勝洋（文藝春秋　昭和五十年）
『鎮魂戦艦大和』吉田満（講談社　昭和四十九年）
『完本・太平洋戦争』（下）文藝春秋編（文藝春秋　平成三年）
『提督スプルーアンス』トーマス・B・ブュエル　小城正訳（学習研究社　平成十二年）
『高木海軍少将覚え書』高木惣吉（毎日新聞社　昭和五十四年）
『海軍大将米内光政覚書』高木惣吉写　実松譲編（光人社　昭和五十三年）
『大日本帝国海軍連合艦隊　我れ、大和より生還す』黒田吉郎（勁文社　昭和五十六年）
『連合艦隊参謀長の回想』草鹿龍之介（光和堂　昭和五十四年）

『慟哭の海　戦艦大和死闘の記録』能村次郎（読売新聞社　昭和四十二年）
『戦藻録』宇垣纏（原書房　昭和四十三年）
『最後の帝国海軍』豊田副武述　柳澤健編（世界の日本社　昭和二十五年）
『戦艦大和　最後の乗組員の遺言』八杉康夫（ワック　平成十七年）
『大本営海軍部　回想の大東亜戦争』山本親雄（白金書房　昭和四十九年）
『日本海軍の歴史』野村實（吉川弘文館　平成十四年）
『海軍戦争検討会議記録　太平洋戦争開戦の経緯』新名丈夫編（毎日新聞社　昭和五十一年）
『男たちの大和』（上・下）辺見じゅん（角川春樹事務所　平成十六年）
『戦艦大和の最後』坪井平次（光人社　平成十八年）
『日本との秘密戦』E・M・ザカリアス　日刊労働通信社訳（朝日ソノラマ　昭和六十年）
『提督ニミッツ』E・B・ポッター　南郷洋一郎訳（フジ出版社　昭和五十四年）
『オンリー・イエスタデイ』F・L・アレン　藤久ミネ訳（筑摩書房　平成五年）
『伝承・戦艦大和』（上・下）原勝洋編（光人社　平成五年）
『戦艦大和　生還者たちの証言から』栗原俊雄（岩波書店　平成十九年）
『米国諜報文書ウルトラ　in the パシフィック』ジョン・ウィントン　左近允尚敏訳（光人社　平成七年）
『太平洋戦争最後の証言第3部　大和沈没編』門田隆将（小学館　平成二十四年）
『巨大戦艦「大和」全軌跡』原勝洋（学研パブリッシング　平成二十三年）
『太平洋戦争　日本の敗因3　電子兵器「カミカゼ」を制す』NHK取材班（角川書店　平成七年）

『海軍の昭和史　提督と新聞記者』杉本健（文藝春秋　昭和六十年）
『山本五十六』阿川弘之（新潮社　昭和四十四年）
『山本元帥遺詠解説』山本五十六　武井大助（畝傍書房　昭和十八年）
『海上護衛戦』大井篤（学習研究社　平成十三年）
『西園寺公と政局　第三巻』原田熊雄述（岩波書店　昭和二十六年）
『山本五十六』半藤一利（平凡社　平成十九年）
『大海軍を想う』伊藤正徳（文藝春秋新社　昭和三十一年）
『戦艦大和』児島襄（文藝春秋　昭和四十八年）
『太平洋戦争』（上・下）　児島襄（中央公論社　昭和四十一年）
『戦艦大和』平間洋一編（講談社　平成十五年）
『連合艦隊』吉田俊雄（秋田書店　昭和四十三年）
『海軍回顧録』昭三会編集委員会編（(財）水交会　昭和四十五年）
『日本陸海軍の制度・組織・人事』日本近代史料研究会編（東京大学出版会　昭和四十六年）
『近代日本総合年表　第二版』岩波書店編集部編（岩波書店　昭和五十九年）
『朝日新聞に見る日本の歩み』（昭和15年－昭和21年）朝日新聞社編（朝日新聞社　昭和四十八、四十九年）
『沖縄県金武町史』（沖縄新聞社　昭和二十一年）

● 雑誌・新聞など

『開村誌』開村誌再版実行委員会（非売品）

『第二艦隊司令長官伊藤整一海軍大将　生誕一二〇周年記念誌』伊藤整一海軍大将生誕一二〇周年
大祭実行委員会編（非売品）平成二十年）初版昭和十三年・再版平成四年）

『別冊歴史読本　日本海軍総覧』（新人物往来社　平成六年）

『別冊歴史読本　太平洋戦争総決算』（東京裁判とその報告』（新人物往来社　平成六年）

『増刊歴史と人物　「実録・太平洋戦争」「戦艦『大和』の死闘　比島沖海戦と特攻出撃」石田恒夫
（中央公論社　昭和五十六年）

『丸』「旗艦大和と運命をともにした〝静かなる長官〟」原為一（潮書房光人社　昭和四十二年）

『歴史と人物　だれが真の名提督か』（中央公論社　昭和五十六年）

『海軍兵学校56期回顧碌』「大和特攻作戦の経緯について」三上作夫（なにわ会HP）

『なにわ会ニュース87号』「戦艦大和沖縄海上特攻作戦余話」山根眞樹生（平成十四年）

『週刊文春』（昭和四十三年八月十九日特大号）

『有明新報』昭和五十年八月八日付

『中国新聞』平成二十二年十一月三日付

『夕刊フクニチ』昭和三十二年八月一日付

● 手記・書簡

「戦況」「作戦参考」「昭和十九年ノート」「昭和七年駐米日誌」中澤佑関係文書（国立国会図書館憲

政資料室）
「大東亜戦争ノ教訓」坂野常善（昭和二十年）
「伊藤文庫資料」顕彰碑建設経緯ほか（みやま市立開小学校）
「亡き父と兄の思い出」今澤純子　手記（伊藤文庫編）
「父の思い出」河野淑子　手記（同）
「父と母の愛―そして遺書」須原貞子　手記（同）
「伊藤家一族の人々」伊藤繁治　手記（同）
「兄整一の追憶」伊藤繁治　手記（同）
伊藤ちとせあて書簡

●資料提供機関
アメリカ国立公文書館　国立国会図書館憲政資料室　エール大学　公益財団法人水交会　逓信総合博物館　福岡県立伝習館高校　みやま市立開小学校　沖縄県読谷村史編集室

お世話になった方々（敬称略、順不同）

●資料提供・取材協力者

今澤純子　河野淑子　須原貞子　堺修　高橋真理枝　Cynthia Reiko Suekawa　Ellen Holshcer (Spruance) David Bogart　太田完志　猿渡恵子　藤田光子　檀美枝子　都竹卓郎　西戡太　藤純子　藤栄　石松博史　阿部一孝　上野三郎　北村和夫　佐藤昇二　石井里佳　宮部保之　相沢善三郎　中澤忠義　井田憲之　三好正之　今里壮治　吉岡慧　北村真征　宮本多聞　田中健五　島村矩弘　岡部挙　天川恵美子　秋葉彌之助　原達郎　小川靖彦　坂野美智子　みやま総合印刷　井の頭線九条の会

●談話提供者（故人）

野村實　中澤佑　榎本重治　新名丈夫

●アメリカ取材・翻訳

野口修司　柳原みどり　高橋真理枝　Cynthia Reiko Suekawa　辻絵里

■写真提供　今澤純子、須原貞子
■本書は二〇一三年四月、弊社より単行本として刊行されました。

|著者|中田整一　ノンフィクション作家。1941年熊本県生まれ。1966年九州大学法学部卒業後、NHK入局。プロデューサーとして、現代史を中心としたドキュメンタリー番組の制作にたずさわる。退局後、大正大学教授を経て、執筆に専念。2005年刊行の『満州国皇帝の秘録　ラストエンペラーと「厳秘会見録」の謎』（文春文庫）にて毎日出版文化賞と吉田茂賞、2010年『トレイシー　日本兵捕虜秘密尋問所』（講談社文庫）にて講談社ノンフィクション賞を受賞。編著に『真珠湾攻撃総隊長の回想　淵田美津雄自叙伝』（講談社文庫）がある。

四月七日《しがつなのか》の桜《さくら》　戦艦《せんかん》「大和《やまと》」と伊藤整一《いとうせいいち》の最期《さいご》
中田整一《なかたせいいち》

講談社文庫
定価はカバーに
表示してあります

2021年3月12日第1刷発行

発行者――渡瀬昌彦
発行所――株式会社　講談社
東京都文京区音羽2-12-21　〒112-8001
電話　出版（03）5395-3510
　　　販売（03）5395-5817
　　　業務（03）5395-3615

デザイン―菊地信義
本文データ制作―講談社デジタル製作
印刷―――豊国印刷株式会社
製本―――株式会社国宝社

Printed in Japan

ISBN978-4-06-522755-8

講談社文庫刊行の辞

二十一世紀の到来を目睫に望みながら、われわれはいま、人類史上かつて例を見ない巨大な転換期をむかえようとしている。

世界も、日本も、激動の予兆に対する期待とおののきを内に蔵して、未知の時代に歩み入ろうとしている。このときにあたり、創業の人野間清治の「ナショナル・エデュケイター」への志を現代に甦らせようと意図して、われわれはここに古今の文芸作品はいうまでもなく、ひろく人文・社会・自然の諸科学から東西の名著を網羅する、新しい綜合文庫の発刊を決意した。

激動の転換期はまた断絶の時代である。われわれは戦後二十五年間の出版文化のありかたへの深い反省をこめて、この断絶の時代にあえて人間的な持続を求めようとする。いたずらに浮薄な商業主義のあだ花を追い求めることなく、長期にわたって良書に生命をあたえようとつとめるところにしか、今後の出版文化の真の繁栄はあり得ないと信じるからである。

同時にわれわれはこの綜合文庫の刊行を通じて、人文・社会・自然の諸科学が、結局人間の学にほかならないことを立証しようと願っている。かつて知識とは、「汝自身を知る」ことにつきていた。現代社会の瑣末な情報の氾濫のなかから、力強い知識の源泉を掘り起し、技術文明のただなかに、生きた人間の姿を復活させること。それこそわれわれの切なる希求である。

われわれは権威に盲従せず、俗流に媚びることなく、渾然一体となって日本の「草の根」をかたちづくる若く新しい世代の人々に、心をこめてこの新しい綜合文庫をおくり届けたい。それは知識の泉であるとともに感受性のふるさとであり、もっとも有機的に組織され、社会に開かれた万人のための大学をめざしている。大方の支援と協力を衷心より切望してやまない。

一九七一年七月

野間省一

講談社文庫 最新刊

青木祐子
コーチ！
〈はげまし屋・立花ことりのクライアントファイル〉
オンライン相談スタッフになった、惑う20代女性のことり。果たして仕事はうまくいく？

真保裕一
アンダルシア
〈外交官シリーズ〉
欧州の三つの国家間でうごめく謀略に「頼れる外交官」黒田康作が敢然と立ち向かう！

柳広司
風神雷神 (上)(下)
天才絵師、俵屋宗達とは何者だったのか。美術界きっての謎に迫る、歴史エンタメの傑作！

田中芳樹
新・水滸後伝 (上)(下)
過酷な運命に涙した梁山泊《りょうざんぱく》残党が再び悪政と対峙する。痛快無比の大活劇、歴史伝奇小説。

北森鴻
桜宵
〈香菜里屋シリーズ2〈新装版〉〉
マスター工藤《くどう》に託された、妻から夫への「最後のプレゼント」とは。短編ミステリーの傑作！

島田荘司
暗闇坂の人喰いの木
〈改訂完全版〉
刑場跡地の大楠の周りで相次ぐ奇怪な事件。名探偵・御手洗潔が世紀を超えた謎を解く！

創刊50周年新装版
奥田英朗
邪魔 (上)(下)
〈新装版〉
ささいなきっかけから、平穏な日々が暗転する。人生のもろさを描いた、著者初期の傑作。

柄谷行人

柄谷行人対話篇Ⅰ 1970－83

デビュー以来、様々な領域で対話を繰り返し、思考を深化させた柄谷行人の対談集。第一弾は、吉本隆明、中村雄二郎、安岡章太郎、寺山修司、丸山圭三郎、森敦、中沢新一。

978-4-06-522856-2
かB18

柄谷行人・浅田 彰

柄谷行人浅田彰全対話

二〇世紀末、日本を代表する知性が思想、歴史、政治、経済、共同体、表現などの諸問題を自在に論じた記録——現代のさらなる混迷を予見した、奇跡の対話六篇。

978-4-06-517527-9
かB17

富樫倫太郎 風の如く 高杉晋作篇
富樫倫太郎 スカーフェイス〈警視庁特別捜査第三係・淵神律子〉
富樫倫太郎 スカーフェイスII デッドリミット〈警視庁特別捜査第三係・淵神律子〉
富樫倫太郎 スカーフェイスIII ブラッドライン〈警視庁特別捜査第三係・淵神律子〉
豊田 巧 警視庁鉄道捜査班〈鉄血の警視〉
豊田 巧 警視庁鉄道捜査班〈鉄路の牢獄〉
夏樹静子 新装版 二人の夫をもつ女
中井英夫 新装版 虚無への供物(上)(下)
中島らも 僕にはわからない
中島らも 今夜、すべてのバーで〈新装版〉
鳴海 章 フェイスブレイカー
鳴海 章 謀 略 航 路
鳴海 章 全能兵器AiCO《アイコ》
中嶋博行 ホカベン ボクたちの正義
中嶋博行 新装版 検察捜査
中嶋博行 新検察捜査
中村天風 運命を拓く〈天風瞑想録〉
中山康樹 ジョン・レノンから始まるロック名盤
梨屋アリエ でりばりぃAge

梨屋アリエ ピアニッシシモ
中島京子 妻が椎茸だったころ
中島京子ほか 黒い結婚 白い結婚
奈須きのこ 空の境界(上)(中)(下)
中村彰彦 乱世の名将 治世の名臣
長野まゆみ 簞笥のなか
長野まゆみ レモンタルト
長野まゆみ チマチマ記
長野まゆみ 冥途あり
長野まゆみ 45°〈ここだけの話〉
長嶋 有 夕子ちゃんの近道
長嶋 有 佐渡の三人
永嶋恵美 擬 態
永井 均 内田かずひろ 絵 子どものための哲学対話
なかにし礼 戦場のニーナ
なかにし礼 生きる力〈心でがんに克《か》つ〉
なかにし礼 夜の歌(上)(下)
中村文則 最後の命
中村文則 悪と仮面のルール

編/解説 中田整一 真珠湾攻撃総隊長の回想〈淵田美津雄自叙伝〉
中村江里子 女四世代、ひとつ屋根の下
中野美代子 カスティリオーネの庭
中野孝次 すらすら読める方丈記
中野孝次 すらすら読める徒然草
中山七里 贖罪の奏鳴曲《ソナタ》
中山七里 追憶の夜想曲《ノクターン》
中山七里 恩讐の鎮魂曲《レクイエム》
中山七里 悪徳の輪舞曲《ロンド》
長島有里枝 背中の記憶
長浦 京 赤《セキ》刃《ジン》
長浦 京 リボルバー・リリー
中脇初枝 世界の果てのこどもたち
中脇初枝 神の島のこどもたち
中村ふみ 天空の翼 地上の星
中村ふみ 砂の城 風の姫
中村ふみ 月の都 海の果て
中村ふみ 雪の王 光の剣
中村ふみ 永遠《とわ》の旅人 天地の理《ことわり》

2020年12月15日現在